JN438553

22인의 名詩

22인의 名詩

초판 인쇄 2015년 6월 10일
초판 발행 2015년 6월 15일

엮은이 박재근
엮은곳 바람과 구름이 머문 흔적 카페

펴낸곳 도서출판 채운재
주소 서울시 중구 삼일대로 6길 13 (서울빌딩 202호)

전화 02-704-3301
팩스 02-2268-3910
메일 ysg8527@naver.com
정가 10,000원

*박재근 E-mail : jaegeon2010@hanmail.net
문학카페 : 바람과 구름이 머문 흔적
손 전화 : 010-6877-2868

「바람과 구름이 머문 흔적」

22인의 名詩

도서출판 채운재

바람과 구름이 머문 흔적

짊어진 저 바랑은
다 버리고 비운 마음뿐일 텐데
왜 이 마을 저 마을 떠돌다
연고 없는 산사에 하룻밤을 기웃거리고
바람에 흔들리는 풍경에 귀 기울이는가

아직도 남은 속세의 미련에
기다리는 사람 있는가.

행여나
바람과 구름이 머문 흔적에 그대 든다면
만고풍상에 찌든 인간사 옷 벗어두고
운산 계곡을 흐르는 맑은 물 따라
함께 흘러도 좋으리, 어서 오시게

다음 카페
『바람과 구름이 머문 흔적』

차례

강희근 시인 ···················· 14

운석
상상의 길
비밀
서있음으로
그러니까

경대호 시인 ···················· 24

장흥 여자
동백, 잎사귀로 읽는 밤
비막
잣새
산유화

공정식 시인 ···················· 32

나는 멍텅구리올시다
움막에서 23
詩人 황선하
歷史는 흐른다... 아! 서럽도다 영면하소서
밥그릇은?

김석규 시인 ···················· 42

산골
어느 해후
개씨바리
만장
산 가루지기타령

김선옥 시인 · 48

내 삶의 이유
함지박 사랑
도려내기
죄송합니다
그런 날이 있다

김정석 시인 · 58

강경에서 만난 웃음
삼천포쯤에서
앵남역
별에게
좀 늦은 안부

김종웅 시인 · 69

꽃의 이름
파도
오지
열무김치
재첩국을 먹다

류운모 시인 · 74

목련꽃 피다
저녁 무렵
입동 무렵
폭설
그믐을 탁본하다

차례

박재근 시인 · · · · · · · · · · · · · · · · · · · 84

새벽 연가 3
해남 아이
유서 4
채광석 詩碑 앞에서
모른다, 아니다, 할리야

박종흔 시인 · · · · · · · · · · · · · · · · · · · 92

덩굴 장미
피어난 꽃과 피지 못한 꽃
널 잊을 수 없는 건
별
그댄 꽃이었네

박현옥 시인 · · · · · · · · · · · · · · · · · · · 98

사랑한다는 말로도
울 엄마
무희
바람의 흔적
속없는 바람과 춤추는 나무

서영림 시인 · · · · · · · · · · · · · · · · · · 108

하얀 5월의 보리밥
4월의 마지막 비 -단원고의 사라진 꽃들이여-
이카로스의 눈물
한티의 낙엽
우리 집 선풍기

손수여 시인 · · · · · · · · · · · · · · · · · · 118

사모곡 -임자도에서-
웃기돌 같은 그 여자
밤栗
반야사에 가면
상사화 2

왕영분 시인 · · · · · · · · · · · · · · · · · · 126

난蘭을 치다
새벽길
인연
꽃들의 반란
아름다운 편지

윤하섭 시인 · · · · · · · · · · · · · · · · · · 134

손금
상사화
하객賀客
인감도장
모순矛盾

이기은 시인 · · · · · · · · · · · · · · · · · · 140

노거수의 꿈
누렁아, 누렁아
이방인
말 가시
그들의 일생 (부제:단풍으로 지다)

차례

이길옥 시인 · 150

지하철 풍경
빛의 이동
2014전집 풍경
소리의 길
四代

이명숙 시인 · 160

뭍이거나 섬이거나
태풍 산바
산안개
돌아온다는 말
꽃심

이정규 시인 · 168

윤회의 진리
일편단심
나 하나의 별빛은
짙은 정情
사랑의 단짝

이정표 시인 · 178

만종
빗소리
어느 그리운 날 -사립문 밖에서-
사모곡
후안무치의 진풍경

정종원 시인 · · · · · · · · · · · · · · · · · · 184

채무자
자존심
다섯 살 달마
병실
아픈 사랑

홍종기 시인 · · · · · · · · · · · · · · · · · · 194

서울에서 진주까지
가을에
어머니의 강
슬픈 노래
책, 무너지다

강희근(姜熙根) 시인

경남 산청 출생(1943) 아호 하정(昰玎)
진주고교 동국대 국문과 졸업, 동아대 문학박사(한국카톨릭시 연구)
서울신문 신춘문예시부 당선으로 데뷔(1965)
공보부 신인예술상 특상(1966)
경남도문화상, 펜문학상, 조연현문학상, 김삿갓문학상,
이형기문학상 심사의원, 경남일보 신춘문예심사위원 등
국립 경상대 교수, 인문대학장, 전국국공립대 교수협의회 부회장
국제펜클럽한국본부 부이사장, 제78차 세르비아 국제펜대회 한국대
표 참가
격월간 시사사 고문, 계간 미네르바 고문
김삿갓문학상 운영위원장, 김만종문학상 운영부의원장
강희근 교수의 慶南文壇, 그 뒤안길, 경남일보 주1회 10년 연재 중
저서 『우리시문학연구』 『시 읽기의 행복』 『우리 시 짓기』 등 13권
시집 『연기 및 일기』 『풍경보』 『사랑채』 『새벽통영』 『그러니까』
『프란치스코의아침』 등 17편

홈페이지 : http://www.hwagye.com
전　　화 : 010-8158-5836
이 메 일 : 산에가서@hanmail.net

운석

진주 장날 오라는 각설이패는 오지 않고
별이 내지른 똥이 떨어져
똥 소문이 파다하다

요즈음은 세상이 확 확 바뀌어
똥이 똥값이 아니라 금값이라 하고
금값의 열배라고도 한다

그날 저녁
진주 대곡면과 미천면 또 집현면 일대
거룩한 별똥이
천길 통시로 떨어져 내릴 때
우레 우루루루 몇 번에 걸쳐 났다고 한다

혹 설사처럼 질펀히 내지른 것일까

진주 사람들은 오히려 생업에 매진하고
인근에서 차를 몰고 와 산골짜기 똥 누러 들어가고
깊은 골 논두렁 타고 허옇게 들어가고

모두 눈에 불 켜고
대낮이 더 환하다

금빛,
소문만복래
진주는 지금 장날이다 소리패 없는 장날이다

상상의 길

친구의 시를 읽다가
그가 상상의 경전을 쓰고 있다는 걸 알았다

풀잎에서 상상이 시작되기도 하고
바다에서 상상을 앞세워 달리기도 하고
절간 마루바닥에서 한 줌 먼지에 상상을 얹어
띄우기도 했다

그는 한동안 백제 속으로 들어가
백제의 왕 무덤 같은 데서 낮잠 늘어지게 즐겼다
거기 귀고리 팔찌 금목걸이 같은
살이 쪄내는 그리움 따라 한없이 잤다

그에게는 오솔길이 반드시 들녘이나
외진 산속에 있지 않았다

홀로 수 천 년 나이를 까먹고 사는 석불의
주름살 같은 데서 길을 내어,
칠지도七支刀같은 괴상한 칼의 옆구리에서
길을 내어 걸었다

스님이나 왕족 가릴 것 없이 인간이라는 이름
빛내며 사는 이들의 고살길로 들어가고

고살길의 세월 같은데 때끼칼로 긁어내어
드러나는 손금 가느다란 길,

그런 길 들어가 짧게 짧게 일지를 썼다
경전이다

그는 어느새 상상이 먼 먼
붕조鵬鳥가 되어 있었다

비밀

헌책방 서가를 도는데
내 오래된 시집 두 권
서가 아래 쌓아놓은 책더미 속에서
노숙하고 있었다

먼지 뒤집어쓰고
책방 드나드는 숱한 사람들 신발 머리
이리 부딪치고 저리 부딪치는 자리
자리도 아닌 곳에서 신문지 한 장 덮지 못하고
노숙하고 있었다

내 자존이 먼지 속으로 구겨져 들어갔다

얼른 뽑아내어, 잠 언제부터 들었는지, 탁 탁
먼지부터 털어주며
정신 차려, 정신 차려 몇 번을 마음먹은 소리 쳤다

하도 많이 얻어맞아 먼지 다 털려 나갔을 듯한데
여전히 일어나지 못했다
아니 일어날 뜻이 없었던 것인지 모른다

사각의 정글,
한 방 얻어맞고 드러누운 선수
그처럼
원, 투, 스리, 포, 파이브, 식스, 한쪽 귀로 들으며
차라리 누워서 있는 것이 사는 길
몽롱의 숲 헤매고 있었던 것일까
(두 권에 얼마요? 부르는 데로 드리겠소,
2천 원만 주세요)
노숙자 두 분
품으로 껴안고 빠른 걸음 집으로 와서
구겨져서,
오늘부터 셋이 한방을 쓰기로 했다.

서있음으로

—순천만에서—

갈대는 갈대밭에서도 외롭다
혼자 있을 때 사람은 외롭다고 하는데
갈대는 밭을 이루고 지대를 이루고도 갈대다
한 번 뻘에 빠진 발은 집단으로도
빠진 발이고
한 번 흔들리기 시작한 머리는 머리 다 빠지고도
흔들린다
하지만 갈대여
네 머리 위에는 서으로 가는 달이 뜨고
시베리아에서 살이 찌다가 온 군락새
바이칼호의 물 냄새 흩이고 다닌다
인도양 넓은 하늘, 이슬 내리던 아침 머금고
깃털 몇 낱씩 바꾸어 달고 다니던,
한 번도 이름 들어보지 못한 상상의 새도 오고
그 중에서는 그리움 같은 작은 붕새도 날아온다
그러므로 갈대여
너는 무위의 갈대가 아니다
서 있음으로 3.1선언이거나 만국이 흐르는
자중자애 독립이다
바람이 불고 계절은 맵고

더 여윌 데 없는 갈대는 우수수 쏠리고 있다
쏠릴 때마다 새는 천상의 방언
삐라처럼 뿌리며 난다

그러니까

물 박물관 공원 슈퍼에 가 컵라면을 사 먹는다거나
종이 커피를 빼 마신다거나
해변 부둣가까지 나가 허름한 아꾸국에
막걸리 한 잔 마신다거나
파리 날리는 엿판 놓고 가시개 장단 맞추는
엿장수
그에게 엿처럼 녹아 먹지도 않을 엿 두어 봉지 산다
거나
수산물 이동 차량의 떠리미 설명에 주머니 아낌없이
바닥까지 턴다거나
시골 장바닥에 가 거리 빵 이삼천 원치 사 갖고 온다
거나
오다가 그 거리 빵 내음에 취해 유년
물컹물컹 씹는다거나
눕거나
앉거나
주방장이 되거나 지휘자가 되거나
희멀건 곰탕에다 고춧가루 확 뿌려 넣거나
확 후라이를 하거나
그렇게 어디로 가거나,

경대호 시인

1959 충북 괴산 출생

충북대학교 경영학과 졸업

해태제과(주) 근무

현재 (주)착한 유통 대표이사

주　소 : 광명시 소하1동 55번지 동양1차 아파트 101동605호

메　일 : vitavita1@daum.net

연락처 : 010-5253-6102

장흥 여자

맥주잔에 소주를 마십니다
안양천 변
나무 의자에 앉아
살아야 하는
근사한 이유를 생각합니다
근데
안주가 될 만한 위로
좀체 떠오르지 않습니다
음력 이월 스무나흘
벚꽃은
가장 깊은 곳에 닿으려 저리도 나풀대며
땅으로 내려앉는 것이라던
까무잡잡한 여자가 생각납니다
떨어진 꽃잎 밟으며
버드나무 줄기처럼 물이 오른
여자애들 미끈한 종아리가 지나갑니다
아직
실핏줄 채 식지 않은 꽃잎들
고요히 받아들이는 울퉁불퉁한 흙길
맥주잔에 맥주를 마십니다

생이
삼삼하진 않아도
세상은 원래 아름다운 곳이라던
벚꽃무늬 머리띠 촌스럽게 잘 어울리던
장흥 여자
탐진강물을 굽이굽이 데려와
시퍼렇게 웁니다

동백, 잎사귀로 읽는 밤

동백, 그 곁에 서면
사람과 신 모두를 믿지 못한다

고요히 데우다 진해지다
희미해질 수는 없었을까, 우리

붉었던 문장들에서
하나둘 주어를 지우자 그 자리에 들어차는 별빛
짙푸른 잎사귀 같은 술어, 윤기처럼 깊다

앉았다 날아간 수많은 자리의 온기
어둠처럼 굳어가는 밤

모든 것을 삼킨 바람이 떨어진 얼굴을 만지자
목덜미 깊은 상처
환하게 시리다

비막

너를 만졌던 두 손에서
아직도 물새 냄새가 난다

은빛 비늘로 떨던
새 같던 물고기, 물고기 같던 새

진종일
꿈틀거리는 비린내로
어지러운 머리를 씻는다

하늘바다가 된 내 속
헤엄치며 날며 노는 너

맑아진 어깻죽지에서
어느새 돋는 선홍빛 비막

잣새

부리를 본다

살아남기 위해
굽혀진 것들

호밋자루 짧아질수록 뒤틀리는
손마디

어둠도 길이라고 움켜쥔 것들

뿌리란
저렇게 뒤틀린 것이었다

산유화

어뒤후후야 허허후후야
피려거든 꽃아, 화알짝 피어라
아무에게나 눈웃음 묘하게 흘린다고
화냥이라 불리면 어때
수백 리 먼 날개 기척에
온몸 미리 젖으면 또 어때
꽃花인 양 꽃花인 양 하고
소리내어 보면 화냥이 되는데
펄펄 끓는 기다림에 인이 박여 시린 몸
꽃아, 피려거든 피려거든
화들짝 피어라
어뒤후후야 허허후후야
피돌기 다 잊은 듯
화냥기 죄 쏟은 듯
비가와도 이제는 젖지 않는 저 꽃잎
들에 서서 산에 대고 까맣게 부른다
어뒤후후야 허허후후야
가슴에 졸라맨 목절삐 같은
끝끝내 아픈 이름 하나

공정식 시인

나는 멍텅구리올시다.
나는 오랜 세월 아리랑을 즐겨 불렀기에
나를 아리랑 공정식이라 부릅니다.

시인은 현재 창원 소재 山 0번지에서
도시의 집을 떠나 움막 생활을 하고 있다
서정주 박재삼 이기반 김해성으로부터
89년 추천등단 했다

저서 『흙 속에서 詩서속에서』 『나는 멍텅구리올시다』 외
서예 및 묵화에도 능통한 만능 문객이다
그동안 그가 기고한 수많은 서적과는 무관한 듯
멋도 유행도 모르는 철저한 자기만의 세상을
살아가고 있지만, 만면의 웃음 뒤에 가려진
시인의 필도筆刀는 천지를 가른다.

주소 : 창원시 의창구 동읍 용잠리 2구 288
전화 : 010-4642-4015

나는 멍텅구리올시다

연민의 아픔
갈퀸 가슴은 섬돌 밑에서
삼태성 넘어가도록 손 모아 울어
그래도
마음 알 수가 없으니
나는 멍텅구리올시다.

맑고 푸른 하늘 아래
얼굴 두 개 달린 인간 없고
마음 두 개 역시 없어
정수리를 내려치는 쇠몽둥이에
피 가루가 흩어져도 알 수 없으니
나는 멍텅구리올시다

비상이나 한 사발 퍼먹고
심장이 갈갈이 저리도록
발발 떨며 하나에서 열까지
사자들의 손처럼 비벼도
다리가 부러져 갈 수 없으니
나는 멍텅구리올시다.

움막에서 · 23

달팽이 대가리처럼
화음도 없이
산 넘어 움막으로 간다.

어제도 먹지 않고
오늘은 한마디 말없이
곰팡이 그린 검은 벽화
키우고 가꾸고 한 방에서
엎댔다가 뒹굴고
산새처럼 날아서
아주 먼-곳으로 떠나가고 싶은
갈라진 고독의 날개가
헛수작을 떨고
허깨비 같은 환상
거머잡히는 맥 빠진 달관과 체념이 기어들고

빌려온 육신
빌려서 가버린
끝없는 時空의 세월 위에
망망할 뿐이랴.

詩人 황선하

일천 구백 구십 이년 유월 십일일
구덕산 기슭 동대부속병원 1116호
강詩人 최詩人
그리고 백발이 휘날리는 장가
그 중 철없는 나는
차이코프스키 비창보다
더 우렁찬 목소리로
선생님을 불렀습니다.

진주알처럼
낱낱이 목에 걸었던 님의 시 세계
쫄깃쫄깃 맛좋은 낱말과 낱말 사이
미분자 별가루 같은 곧은 시어
모두 어딜 두시고
이십 층 높은 사각 병실에서
아픔의 육신을 바람에 젖고 있습니까?

잔잔하신 속웃음
오늘은 어찌 슬픔이
무저항으로
수납할 수밖에 없는 심상
피 속에 가더혀 사는 모든 노폐물
씻어내고 싶은 간절한 외로움이었습니다

진한 향기의 눈물이
흘러내린 살점의 영봉마다
인고의 세월이 묻혀
주름주름 사이사이 흐르는 詩想
그 시올마다 뜨거움이
험난한 역사와 함께 흐름을 봅니다.

歷史는 흐른다...

-아! 서럽도다 영면하소서-

하늘도, 땅도, 바다도, 산천도
오천만 民族의 절규와 오열
억울하고 참천뼈골이 아픈 슬픔 어찌하랴
꽃다운 이 나라 기둥이요
崇高한 핏줄의 아들, 딸
高貴한 민족의 魂 아들딸이여

世界제일 경제 성장한 조선소와
IT 강국이라고 선진국 타령
참담하게 부끄러운 꼴不見
이들이들하게 꽃필 청소년
맑고 빛나는 희망찬 두 눈빛
왜? 이렇게 누가 무엇 때문에
어떻게 살려낼 것인가

그 고귀하고 고귀한 生命
이 나라 이 겨레 희망이요, 꿈이요,
그 소중하고 崇高한 生命
우리 모두
두 무릎 꿇고 한 마음으로
절박한 가슴으로 영면 세계로...

이 나라는 생명의 귀중함을 모르는
일부 人間들
분노와 절망
울분과 통탄 어찌하랴
嗚呼通哉라!
政治도 法도 人倫道德 宗敎도 메마른
이 나라 높은 양반들
지금 이 난리 통에
황금만능주의 法
낙하산 잘 타는 法
통째로 집어삼키는 法
官피아, 금융 마피아, 원전 마피아 法
있는 놈만 마구잡이로 처먹는 法
이 수많은 法이 있지만
귀중한 인산의 생명을 경시하는
이 나라 法 이 이런 마피아 法입니까

분통과 절망 답답한 이 現實
육신의 뼈마디가 시리고 아픔
이 슬픔에도 지방선거에 미친놈들
우왕좌왕, 중구난방, 건성건성, 대충대충
그래도 잘난 民主主義라고
더러운 입으로 외치는 정치패거리들...

이 슬픔도 잠시 自愧之心도 없는 것
作心三日이 될까 서럽다

보라
法이 엄격해야 나라가 살고
法이 엄격하지 못하면 나라가 망한다.
法이 무너졌기에
이천십사년 사월십육일 열한시
오천만 民族의 슬픔에 통곡하고 있노라

2014년 5월 8일 창원일보

밥그릇은?

검게 타고
쭈그러진
내 움막 냄비는
재건시대 밀가루 담아
허기 채우던 그 그릇이올시다.

비틀어지고
뚜껑 없는 주전자는
삼청교육시대
눈 비 치던 날 씻던 그 그릇이올시다.

깨지고 금이 가고
이 빠진 밥그릇은
자유화 시대
가슴앓이 숨통 찬 그 그릇
오늘도 밥 담아 먹는 그 그릇이올시다.

*92 마산문학 16집

김석규 시인

인자한 성품의 교육자이자, 시인인 김석규(金晳圭)
1941년 경남 함양 출생으로
부산사대 부산대 교육대학원을 나왔다
1965년 부산일보 신춘문예 당선에 이어
『현대문학』에 청마 유치환 추천으로
등단한 후 많은 시집을 내었으며
근년의 『칠순의 한나절』 (2014,시문학사)
은 그의 마흔세 번째 시집이다

경남도문화상, 현대문학상, 부산 시인협회상
윤동주문학상, 부산시문화상 등 헤아릴 수 없다.

경남교육청 장학사, 중고교 교장, 장학관으로
40여 년간 교직에 종사하다 울산 광역시교육청 교육국장 퇴임
시에는 정부로부터 황조근정훈장을 받았으며

현재 한국 문단과 거주지인 부산 문단의 거목이다.

주 소 : 부산광역시 서구 망양로142 동대신동3가258~29
경림주택 406호
전 화 : 010-8844-9686

산골

함박눈 쏟아 붓는 밤이다
소나무 가지 툭툭 부러지도록 눈이 쌓이고
뒷 대숲에 부엉이 낼 모래 장이라고 소리친다.
가끔씩 호랑이 내려와
우는 아이 달래는 곶감 소릴 듣고 돌아가는
두루 육십 리 사방 궁벽한 산골
재 너머 사돈댁 혼례잔치 갔다
검정 두루마기 자락 다 젖도록
퍼붓는 눈발 속에 길을 잃고 헤맬 때
긴 담뱃대 귀에다 꽂은 호랑이
어디서 알고 나타났는지
낼름 등에다 업고는 눈 속을 달려
사립문 열어놓고 아직도 기다리는
흐릿한 초롱불 걸린 토방에 내려주고 가는
함박눈 바지게로 쏟아 붓는 산골
이마에 구슬땀 맺히도록 달아나는
호랑이의 푸른 안광이 번뜩인다.

어느 해후

잎 지는 가로수 아래서 친구를 만나는 우연을 생각 한다.
몇 걸음 그냥 지나쳐 가다
문득 그 시절 이름 생각이 나 되돌아가서
한참 동안 두 손 꼭 잡고 섰는
오래 잊고 지낸 우정의 온기
그때 친구의 백발이 괜히 슬퍼진다 해도
이제 와 하나 허물할 일은 아니지
이미 잎 떨군 가로수의 앙상한 가지
참으로 지엽적인 대화까지도 꽤 괜찮은
오랜 강물의 이쪽과 저쪽
다시 훗날 해후를 기약하지만
어느 하세월에
가을 가고 봄 가고 또 잎 지는 가을
세월은 언제나 본체만체 횅하니 저 혼자서만 가버리니
조금은 쓸쓸히 흰 손 흔들어 돌아서는
문득 오래 잊고 지낸 친구와의 해후를 생각한다.

개씨바리

최루탄 박힌 체 바다에 떠오른 사월이다.
산에 들에 봄꽃 피어나 꽃가루 날릴 때
불꽃 튀는 창과 칼끝에 핏빛 선 아우성
난리 났다. 세상 꺼꾸러지는 난리 났다.
눈 쓰리게 눈 쓰리게 황사마저 쏟아 붓고
눈에 목 박힌 화상 길바닥에 내던지면
오는 사람 가는 사람 뭇 발길질에 밟혀
눈두덩 퉁퉁 부어올라 문둥이가 되는
눈썹 하나 뽑아서 배 띄우는 상앗대
처용아비 달도 밝은 밤을 어디로 가는가.

만장

살아생전의 눈물이 울긋불긋 산천초목을 간다.
깜깜하단 저승도 환하여 눈 못 뜨는 대낮 속으로
길 떠나면 돌아올 기약도 없는 하늘 구만리
이제는 버선발에도 묻어나지 않을 붉은 황토빛
꽃 피는 봄날을 와병으로 더는 가망 없을 때
허벅지살 한두 근 도려내어 담아드릴 걸
올가망한 젖은 노래는 구름 밖에서 흩어지고
어쩜 이리도 서러우랴 청산 아래 펄럭거리며 간다.

산 가루지기타령

하늘이 잡히면 멱살 놀음이라도 내야겠다.
뜨금없이 한겨울에 웬 부채는
삼복염천 아래서는 화롯불 껴안고 살더니
소금밭에 일 나가면 달포는 장마지고
우산을 팔자 하니 햇볕만 쨍쨍
지지리도 복 없는 년
봉놋방에 가서도 고자 옆에 눕더니
뽕잎은 송충이가 와서 먹고
나랏돈은 벼슬아치들이 다 들어먹고
목구멍이 검찰청이라
사흘을 굶어도 담장은 못 넘는다.
야구장에서 던진 돌 수영장 가서 맞으니
엎어져도 코 깨어지는 놈 따로
참 같잖기는 시궁쥐 앞니빨
어혈진 도깨비 개천물 마시듯
조리자지 내어놓고 흔들어 봤자지
하는 보고 좆 까는 놈 망주석밖에 더 있나.

김선옥 시인

독실한 크리스천Chirstian이다.
오랫동안 사역을 하면서 소외된 이웃에
물심으로 헌신한 시인은 현재 강화에 있다

장희구 문학박사의 평론에서 보면
그의 시는 듣고 보았던 것을
시어의 조탁으로 엮는 연금술사라 했다
억지나 기교의 무리도 없이
몸 헹구는 조약돌의 내밀 같은 잔잔함이 흐른다

그의 시집 함지박 사랑에 이어 3시집이 출간되었다.
각종 문학사에서 많은 수상경력이 있으며
세계인이 보는 유튜브 동영상에 소개되었듯이
미소 머금은 아름다운 중견 여류 시인이다.

주소 : 인천광역시 강화군 불은면 중앙로 500번길 10~2
전화 : 010-5643-0767
메일 : kso3243@hanmail.net

내 삶의 이유

당신의 품속엔
평안과 안식이 있습니다
부귀영화와 명예가
나를 행복하게 할 수 없지만
당신이 주는 은혜만이 나의 전부입니다

가난한 자에겐 풍성함으로
어눌한 자에겐 친구로
병든 자에게 위로 되는
지대한 사랑에
오늘도 눈물을 흘렸습니다

당신이 다가와 토닥여주시는
느낌만으로도 황홀합니다
이 모든 것이
당신의 품 안에 있을 때에만
지닐 수 있는 위대한 힘입니다

더 이상 바라는 것 없습니다
오직
당신으로 하여금 내 삶의 이유가 되어
모두를 사랑하는 일입니다

함지박 사랑

주홍색 두루마리 천을 펼치듯
산자락 아스라이 물들어 오면
황톳길 산마루에 내리는 달을
함지박에 담아오시던 어머니

가난을 쓸어 담아
시렁에 올려놓고 잠이 드신
불러도 대답 없는 내 어머니
그립고 보고파
오늘 나는
"함지박 사랑" 식당 문을 들어섭니다

퍼내어도 마르지 않는 샘물같이
정 한 사발 사랑 한 바가지
아낌없이 내어주는 주인 여자가
어쩌면 내 어머니

목이 메어오는 아릿함에
저려오는 함지박 사랑
어머니 환하게 웃고 있네요

도려내기

상처 도려내기는
아픔 없인 불가능해
살 속 깊이에 저미는 아픔은
피할 수 없는 고통이다

사랑이 상처받으면
육신의 상처보다 깊어
처방도 없는 백약이 무효

현대 메스로도
MRI 투시로도 해독 불가인
난치병

오직 하나
사랑하는 사람
그 사람만이 도려낼 수 있습니다

죄송합니다

잊겠다 하면서도 사랑하는 마음
그대로여서 죄송합니다
천 리 길 달려오며 부르는 것 같아도
뒤돌아보지 않아 죄송합니다

땅거미 어슬어슬한 저녁
호수에 그림자 지우는 원앙
일러줄 말이 없어
우두커니 바라만 보아서 죄송합니다

바보탱이라 말하며
그 자리 그대로라 말해도
믿어주지 못하고
잠시 쉬어가는 의자에
스쳐 가는 것으로 생각한 것
또한 죄송합니다

만님은 이별의 시작이라는 말도
그럴 리 없다 하며
헤어진다 해도
같은 하늘 아래 있을 거라
스스로 위로받아 죄송합니다

마지막 사랑이라
한 점 후회 없다는 그대의 말에
그저 죄송합니다
이제 고백 하건대 당신보다
당신을 더 사랑했던 것 또한 죄송합니다

그런 날이 있다

흔들리는 나뭇가지에 앉은
길손 같은 작은 새 한 마리
세찬 바람일수록 뒤뚱거리며
다부지게 발톱을 세우고 있는 것처럼
하고 싶은 말을 뱉지 못한 채
가슴에 담아두는 날 있다

예쁘고 고상한 척 뽐내고 싶어
그럴싸하게 포장한 것 던져 버리고
강둑에 퍼질러 앉아
있는 그대로 다 보여주고 싶은
그런 날이 있다

바다가 보이는 언덕배기
풍차 돌아가는 조그만 찻집에서
마음 맞는 친구와
고단한 삶 내려놓고
수다 떨며 잠시 쉬어가고 싶은
그런 날이 있다

혹여
오늘같이 꽃 구름이 좋아
따라가다가
문학을 좋아하고 시를 사랑하는
사람이라도 만나면 얼마나 좋을까
생각하면
한 마리 파랑새 되는
그런 날이 내게도 있다

김정석 시인

얼굴 없는 시인
2006년에 등단하여 시집 『별빛 체인점』 을 발간
현재 전남 광양에 거주하고 있으며
영남문인회 소속이다.

시인의 시를 접하기가 어려워 목말라하는 독자가
많이 있음이나 끝내 시인은 침묵하여
가뭄에 단비 같은 존재다
간혹 갓 등단한 후배 시인의 시에 예리한 메스를
들기도 하는데 그 둘러가는 사랑이 포근하여
시인의 품성이 어떤가를 짐작하게 한다.

주소 : 전남 광양시 금호동 장미아파트 11동303
전화 : 010-7124-5559
메일 : js11k@hanmail.net

강경에서 만난 웃음

강경 젓갈 시장, 어리굴젓을 팔던 여지
젓갈 통들 나란한 좁은 사이를 지나다
엉덩이가 서로 닿아 둘 다 울었는데
그 겸은 쩍은 웃음이 오래도록 남았습니다
웃음도 충청도에서 태어나면
느리게 물무늬처럼 퍼지나 봅니다
한 웃음이 끝나고
그 웃음의 끝을 지우기도 전에
새 웃음이 태어나는 얼굴
어리굴젓, 명란젓, 새우젓처럼
오래 묵혀도 상하지 않는 삼투압 웃음
그냥 하는 인사에도 젓갈처럼 정이 잠겨와서
이 멋 저 맛 볼 것도 없이
웃음 맛 하나만으로 젓갈 두통 사 들고 왔답니다
어쩌고저쩌고 수작을 할 처녀 총각도 아니지만
오는 길 내내 마음이 설레설레 일어서기도 하고
품고 온 웃음이며 말들이 삭아 가는지
내 몸에서도
강바람에 곰삭은 젓갈 냄새가 났습니다
또 오라는 인사는 못 듣고 왔어도

강경에 가면
아무래도 젓갈부터 사러 갈 것 같습니다

삼천포쯤에서

3번 국도를 따라 남쪽 끝 삼천포항에 가보자
고만고만한 배들
하얀 엉덩이 까고 덤비는 파도에게 넘어가서
이리저리 넘겨다보고 부딪혀도 보는
까만 생머리의 여자 만나면 은근슬쩍 수작이 통할 듯
하는
가끔은 섬과 섬 사이로 낡고 허술한 배 한 척 들어와
잊었던 사람에 대한 소식
흘러들어올지도 모르는 곳
길이 바다에 막혀 오도 가도 못할 즈음
경상도 아지매가 부르거든
지갑이 얇더라도 못이긴 척 들어가
펄펄 뛰는 참숭어 한 마리 때려눕혀
선홍의 핏물은 바다로 슬쩍 돌려주고
연한 속살 얇게 말아주는
물회 한 그릇으로 허기를 때워보자
늦게 찾더라도 방 비우고 기다려 주는
삼천포 여관
구석방으로 수배자처럼 숨어들어
얇은 벽 건너오는 이야기 엿들어 보자

한숨일랑 그럴 때 흘리는 것이다
술 한 잔 더 따라
앞에 두고
사는 것이 별거였더냐 이해되기 전까지는
잠들지 말자

앵남역

역이란 간판을 내리고도 달리 부를 이름이 없는
앵두나 살구가 익어도 풋손이 들지 않는
뻐꾸기나 지빠귀가 둥지를 틀고 싶어 하는
경전선 앵남역
호주머니 깊이 찔러둔 생각 같은 곳
거기 가면 까마득하게 잊었던 수학공식까지 생각나고
죽기 전에 꼭 다시 와야지 해놓고
못 오는 이승의 마지막 그리움 같이
해가 뜨고 지는 곳
빨리 지나는 이들에게는 보이지 않는
옆구리 상처같이
잊히며 사라지며
기차가 다시 서지 않는다고
이름도 앵토라진
앵남역

별에게

기다려도
기다려도
오지 않을 그대
기다리는 일은 행복하다

그대
아직 내게 오지 않았으니
나를 떠난다는 것은
내게 온 다음의 일이니

영영 오지 않는다면
영영 떠날 수도 없을 터이니
그래서 내게는
늘 기다림만 남을 터이니

억만년을 겉돌아도
그대 내 하늘 안에서만
반짝일 것이니

좀 늦은 안부

오늘 4월 30일
어릴 적 내 마음을 처음 다녀간 그녀가
저승에 가면 가장 먼저 안부를 묻고 싶은 그녀가
이승을 떠났던 날

고르고 고르다가 꽤 괜찮은 남자 만나 결혼했지만
애, 못 낳는다고 모진 구박 받다가
결혼 칠 년 만에 아들 떠억 낳고 먹고살 만해지자
그게
위암
위암이었다고

나야, 뭐
풍문으로 두어 해 지나 들었을 뿐

고향 뒷산 그녀의 무덤 곁
제비꽃, 자운영, 애기똥풀꽃...
이름도 다 모르는 풀꽃까지
많이 많이도 피어
풋손을 내밀고 반갑다고 반갑다고 하는데

이젠 더는 싫다고 슬며시 손을 거두며
말 못할 허기에 지쳐
이팝나무 꽃만
서럽게 바라다 산을 내려왔습니다

나야, 뭐
마음으로나 다녀가는 그림자였으니까
그림자야 이승에서나 보이는 흔적이니까
좋아하고 생각하는 것은
이승에 남은
내 맘이니까

김종웅 시인

하루 한 편의 시를 문학지에 기고하는 열정의 시인
경남 산청 출생이다.
2004 시인정신 봄 호에 황금찬 선생님 추천으로 시 등단.
2003 문학21에 단편소설 『사중주 오케스트라』 로
신인상 수상과 함께 소설 등단. 이육사 문학상 수상.
장편소설 『Six &Nine』
시섬문인협회와 스토리문인협회, 월간 모던포엠,
계간 시와 늪 현대문학사조 동인으로 활약 중이다.

주소 : 경기도 평택시 신장동 남산로25번길 41
그린빌리지 가동 101호
전화 : 010-9346-7767
메일 : kju7767@hanmail.net

꽃의 이름

보이는가
저 조랑조랑 열리는 이야기
철드는 몸짓이
움츠린 그림자 곧게 펴고
보름달같이 둥근 이름은 지어
누구든
그 누구든 불러 모으는 야심찬 눈빛
덮어두었던 시집
꺼내어 읊조리는 바람 맑은소리
들리는가
조율하면 노래가 되는
너와 나 사이
느슨하여
시린 가슴에 끼어든 먹먹한 이야기
한 울 한 울 녹여서
꽃의 이름이 되는.

파도

삶을 밀고 가는 최선의 몸부림이다
윤슬정도로는 만족하지 못할
꿈의 도전이고 도전이다
어떤 제동장치로도 잠재울 수 없는 삶의 여정
난감한 벽을 끈질기게 깨어 부수는
오로지 전진이고 또 전진이다
고독한 행인이여 그대. 어떤 삶에 만족하려 하는가?
나중에 되돌아볼 새파란 유혹 앞에
걸핏하면 놓아버리는 작심삼일이 아니라
꾸준히 밀어붙이는 현재진행형이다
이루고자 하는 것은
쌓는 것이 아니라
부수어 버리는 것이다
부서져 하얗게 멍든다 해도
후회 없이 뱉어낼 또렷한 감탄사인 것이다
오늘도 출렁이며 가는 하루
나의 파도는 부딪고 또 부딪치리라
깨어지는 아픔을 애써 맞으며

오지

오지 아닌 곳 어딨으랴
문을 걸어 잠그면 옆집도 오지다
화병에 꽂힌
꽃의 이름이 솔깃해서
귀를 열어 그 꽃이 걸어온 길을 들여다보면
꽃의 발아래 흐르는 물소리는 들을 것이다
계절보다 먼저 일어나
어둠의 소리를 쫓고 숙연히 합장하는 숲의 기도
너의 모태는 오지다
길이 외로워서 오지다
떨어져 먼 이름으로
머무르고 싶은
허허로운 세상 외롭지 않는 것은
내가 있고 네가 또 그곳에 있어
서로를 열어볼 수 있음이다
눈 먼 곳 다가서지 못하고 그렇게
마음이 멀면 오지다

열무김치

콩이랑 사이에서
콩들과 같이 자라야 부드럽다
사이와 사이에서 자라야 부드럽고 온화하다
사이와 사이에서 자라야 부드럽고 온화하고 사랑을 안다
나와 너
나와 우리
사이 사이에는
푸릇푸릇 틈들 가득
열무처럼 사랑이 자란다
열무가 김치로 익어가는 날
숨죽여
열무의 숨소리를 듣는다
열무는 제 가슴 콩콩콩 두드리며 콩들을 생각한다
빙빙 둘러서 상 위에 앉히는
이웃하지 못하던 것들
열무김치는
틈을 내주어 그들과 밥을 비빈다

재첩국을 먹다

어느 가문에서 태어났느냐가
아니다
어느 환경에서 자라느냐다
흐틀 콩고물 하나 없어
씻기고 씻겨 흙탕물 하나일지 않는
불모지
모래밭에서
스스로 자처하여
떳떳하게 자라선지
참으로 매끈하고 곱기도 하다
비록 덩치야 작지만
너의 청렴결백
칼 빛으로 우러나는 네 속내에
감히 그 누가
어떤 올가미를 가져다 씌우겠는가?
눈먼 돈 한 닢 구경하지 못해도
내 노력하여 돈 벌어
네 주린 국물로
속 시원히 해장을 즐길 줄 아는
그래. 나도 이대로가 좋다

류운모 시인

자신을 드러내지 않으려는 시인이기에
프로필이 생략되었다.

약력 : 55년 경북 상주 출생
1992년 지평의 시인들 10 집으로 문단에 나와
2008년 <<예술세계>> 신인상으로 등단
2014년 제14회 울산문학상

시집 『내 생의 빛나던 한 순간』

2007년 한국문화 예술위원회 선정 우수문학도서
『사랑하라 벼랑위의 목숨들처럼』 외

주소 : 울산시 남구 매암동 588 주식회사 효성울산공장 편집실
전화 : 010-6786-2841
메일 : rym1234@hanmail.net

목련꽃 피다

고향 뒷집 마당엔 아직도 아리따운 백목련 한 그루
서 있습니다
스스럼없이 어울리던 계집애들이 코밑이 거뭇거뭇해
지는 머슴애들을 외면하는 것도
요즈음과는 달리 당시로써는 자연스런 현상이었습니
다
봉긋한 가슴을 감춘 순결한 흰 브라우스, 까만 비로
드 주름 통치마의 Y여고 교복 차림에 곱게 땋아 내린
양 갈래머리 꽃대가 걸어가는 듯한
책갈피 속 깊이 간직했던 우리들의 첫사랑
그녀의 뒷모습만 봐도 오목가슴께 아리따운 통증이
만져지곤 했습니다
그녀가 눈부셔서 목련꽃 몽글몽글 피어났습니다

기다리지 않아도 오는 새봄은 누구의 귀띔 없이도
저절로 이성에 눈뜨는 계절인 것도 알았습니다
문간 심부름이라도 갈라치면 두근거리는 내 심장 박동이
츄리닝 바람으로 나와 눈을 빨며 볼을 붉히고 서있는
그 애에게 전해질 것만 같아 조마조마하곤 했습니다

종발 만하게 벙그는 그 부끄러움 떠올리며
내 동정은 수음手淫의 죄로 괴로워하였습니다
思春의 봄날 찾아온 병명도 모를 병으로 하여 신열이 달떠 혼미했습니다
사람에겐 각각 갈 길이 다르다는 것을 뼈저리게 깨닫게 된 것도
볼을 타고 흘러내리는 눈물 같은,
두 줄기 기찻길이 그녀를 싣고 휭하니 떠나버린 이후였습니다

상실감으로 외떨어진 들길에서 아카시아 잎이나 한잎 두잎 훑어내며
내 정신의 키 부쩍 자랐습니다
가뭄에 콩 나듯 고향에 들를 적마다 풍문으로 전해지는 바람 같은 그녀의 소식에 귀를 기울이는 습관이 새로 생겨났습니다
남자에게 버림받고 방황하다 룸싸롱에서 술집으로 법조인의 후취로
가여운 그녀의 인생행로를 좇아가다 우두망찰 돌아오곤 했습니다

꽃다운 나이에 유방암 말기 진단을 받고 수술실에서
숨을 거두었다는
어느 날 뜻밖의 비보에
오래 부치지 못한 해 묵은 편지들을 갈기갈기 찢어
버렸습니다
내 첫사랑은 그렇게,
밤하늘의 케페우스 성좌로 옮겨 갔습니다
새삼 명치가 아파오는, 목련꽃 벙그는 봄날입니다

저녁 무렵

하늬바람이 물이랑을 느릿느릿 써레질합니다.
그 위에다 석양이 찬란한 금박을 풀어 입힙니다.
온종일 펼쳐 두었던 산 그림자 두르르 말아내고
잿빛 치마폭 같은 어둠을 가만가만 내려놓습니다.
물고기들도 지느러미 흔들며 꼬리를 감추는 시간,
마을로 건너가는 징검다리만 고아들처럼 오도카니 남
습니다
무릎뼈가 닳은 물소리를 고막이 따라가며 읽습니다
먼 하늘로 새떼를 날려 버리는 길손의 눈이
빈 골짜기처럼 깊습니다

입동 무렵

가을 속으로 한 걸음 한 걸음 전진하다
서리 맞은 호박 덩굴줄기들
밭머리를 얼기설기 얽어 놓았다
문득, 땀 밴 적삼 밑으로 드러난 억센 허리로
밭고랑을 기던 희생의 이름들 떠올라
명치 언저리가 눌린다
하루치 근심의 반경을 다 뜯어먹은 흑염소들의 울음이
앞장서 꼬부랑 들길을 끌고 간다
날콩 튀는 소리를 싹둑싹둑 베어
다발 다발 묶어 놓았다
포기 포기 추위를 잔뜩 껴입은 배추들,
서리 먹은 무는 입술이 푸르딩딩하다
세상을 업어 키운 빈 밭고랑 같은 주름살,
잡곡을 바리바리 실어 보낸 빈 밭고랑의
허리에 어깨에 토닥토닥 파스를 붙여주고 싶다
자식새끼들 밥이나 안 굶고 건강하면 더 바랄 나위가 없지
송두리째 다 내준 논두렁 밭두렁 차지는 빈 바람 소리 뿐.

퇴색한 낡은 냉장고 내장 속의 사발에 담긴
찬밥 같은 반달이 개다리 밥상 위에 놓인다
개 짖는 소리만이 적막을 깨는
독거의 불빛 외롭다

폭설

기개 높은 선비의 풍모로 노송 위에 내리는 눈
그립다, 솔숲에 내리는 눈
천실 만 올로 끊어질 듯 이어지는
중모리 중중모리 휘몰이의 북장단으로 마구 퍼붓는 눈
빈 어깨로 맞고 싶다
흰옷의 무리들 볏단처럼 쓰러져간
지리산 골짜기 어디쯤이나 쩌렁쩌렁한 상림 숲 언저
리께 가서
게으른 눈 구경이나 실컷 하고 싶다
구불구불 솔숲에 내리는 눈이나 시름없이 바라보다가
북풍에 언 몸 허름한 주점에 들러 막걸리 한잔에
얼큰한 복국 한 그릇으로 녹이고 싶다
눈 오는 날이면 고삐 풀린 내 역마살 앞서 달려
이글거리는 장작불 어혈든 가슴에 재우고
남도 어디쯤 귀양 가 핍박받던 선비의 풍모로
북풍한설 뒤집어쓴 푸른 정신의 소나무 한그루
차가운 이마 속으로 들어오신다
생각만 해도 반가운 손님맞이에 누추하던 마음의 방
이 환하다

그믐을 탁본하다

칠흑 같은 무한 천공에
외진 마음을 새겨 넣은 이 누구신가
징이 크게 한번 울리는 소리로
사랑이 왔다가 가고
저문 하늘에
기러기 눈썹 한 오라기
그무러지던 일
예리한 조각도로 파서 저며낸
사무친 기억의 탁본
내밀하게 긋고 지나간 생채기의
화석으로
가만가만 시린 맨발로 따라오는
저 처연한 그리움은 잃은 자의 것

박재근 시인

울산 출생, 아호 情人

1965년 동인 집(시와 수필) "넝쿨" 발간, 당시 각종 문예지에 작품을 개재 하다가 문학의 길을 버린다,

암울했던 당시의 시대를 증오하며 김삿갓처럼 전국을 떠돌기도. 그 당시 세계무전여행을 하고 돌아온 김찬삼씨가 대한민국 매스컴을 뒤흔들고 있을 때 우리나라 최초로 곳곳을 문전걸식하며 당시의 생활상과 민심을 스케치한 페시미즘feminism 路宿兒였다.

그 후, 시인은 40여 년의 침묵을 깨고 동료 문인의 권유로 수필과 시로 등단 전국 시인대회에서 대상 수상을 계기로 다시 글을 쓰기 시작하여 4권의 시집을 내었다.

한국 문인협회 회원, 새 부산 시인협회 이사, 서석문학 이사. 현재 현대문학사조 문학회 회장으로 있다.

주소 : 경남 김해시 생림면 생림리 444-1

전화 : 010-6877-2868

메일 : jaegeon2010@hanmail.net

카페 : 『바람과 구름이 머문 흔적』 www.daum.net 카페

새벽 연가 3

안개 바다를
때로는 우윳빛 몸으로
아늑히 고여 오다가
엷은 햇살에 밀려나는
새벽을 떠나려는 것은
소리 없는 가벼움 때문이다

흐르듯 멀어지는 새떼도 무게 없고
담장을 튀어 오른 고양이 발톱도
작은 소리에 얇게 흔들리는
적막의 잎새 같은
모두는 가벼움인데.

하루가 묵직이 몰려
밤을 앓는 나의 새벽에
저들의 가벼움을 생각하면
나는 왜 그리움조차 이리 무거울까

훅 불린 입김만큼만 갔다가
제자리로 오는
가볍게 풀리는 방정식 같은
지워져도 좋을 사랑과 그리움의
가벼운 새벽은 없는가

눈 안에 들고 귓속을 파고드는
세상일들에 입 다물고 살아도
길이 없는
애틋한 새벽이다

해남 아이

해남 땅끝의 새벽을 나와
목포역에서 첫차를 탔다는 연락을 받았다
용산역에서 내려 3호선 지하철을 타고 다시
택시를 탄다고 했다,
해남에서 서울까지

마음이 짠해지는 것은 오늘 아침
누군가 떠난다는 생각 때문만은 아닐 것이다
늘 그 자리에서 한 사람만을 생각하고
언제라도 달려가면 거기 있을 거라는 것에
혹 돌아오지 못할 사정이 생기면 어쩌나

차창 너머로 흐르는 낯선 풍경을 보고
복잡한 서울을 비집고 들어설 해남 아이
목적지를 쉬 찾을 수 있을지 상관없는 기차는
지금쯤 흔들거리며 달리고 있을 것이다

언제나 푸른 바닷냄새와
환한 봄이 왔다고 꽃잎이 머금은 향기를
제일 먼저 보내주던 해남 아이
오늘 아침 더 가까이 더 세게 끌어당겨 본다.

유서 4

세상 종말이라도 낼 듯한 장맛비 멎자
햇살 득달같이 달려든 마른 땅에
지렁이 한 마리 길을 잃었다
봄이 오는 듯 가는 듯 아직 요원하고
황사의 바람뿐인 이 땅의 맨살 위에
붉은 띠를 두른 징그러운 시위다

앞이 캄캄하여
희망 없이 떠도는 노숙자의 하루도
밤이면 지하로 찾아들어 꿈을 꾸고
잃어버린 과거를 찾아 헤매는데
어찌
하루 볕에 죽어가기를 자청하는가?

눈도 귀도 감추고 산
세월의 이야기를 하자는 것이라면
이 땅에 살아있을 자 아무도 없다
죽어가라,
온몸의 팍팍한 피를 뱉어내고
꼿꼿하게 죽어간 마른 땅의 흔적이
내가 쓰려 했던 유서의 대필이라 하겠노라

채광석 詩碑 앞에서

짧게 그대를 보고 가지만
마음 선뜻 따라나서지 못하여 무겁다

아득한 해무 속에 선연한 "기다림'
원망의 눈물이 가득함을 보고 가노라

그대가 지핀 자유의 불씨가
외진 산골에서
맺힌 사연 구겨진 뜻들을 다리고 있다는
그대의 아픈 마음을 읽고 가노라

피어 더 피어나지 못하고 오류의 60년대
추한 역사의 올가미에 죄여 신음하다가
불의의 사고로 39세로 가버린 원통함이여

돌아가는 동안 순간이라도 잊힐까 봐
안면도 송림 공원 한쪽을 가슴에 품고
그대의 詩碑 기다림의 사연을
그대를 대신하여 등에 지고 가노라

모른다, 아니다, 할리야

인연이 되지 못해
스쳐 간 바람이듯
당신과 나 사이 그랬을리야

살아있다는 존재감만으로도
이토록 행복인데
그 마음 알지 못한다.
설마 그랬을리야

가까이 닿지 않아 목이 타고
누군가 먼저 가 버리면
우리 그리워한 만큼 우는 일
설마
모른다, 아니다, 할리야

박종흔 시인

충북 청주시 오송 출생,

대한 문학세계 2009년 『가을여행』으로 등단

시 집 : 『일곱 빛깔 무지개』

동인지 : 『시는 노래가 되어』

계간지 : 『창작과 의식 25』 등...

현재 시인은 미발표 작품 3천여 편을 갖고 있다.

주소 : 경기도 수원시 장안구 정자2동 74-7

희성연인아파트 101동403호

전화 : 010-8570-1072

메일 : park0287@hanmail.net

덩굴장미

넌
내 마음에 핀 꽃이다

벌, 나비 춤추며 반기는
향기 그윽한 천상의 덩굴장미

바람이 불면
담벼락에 얹힌 채
하늘거리며 웃던 네 모습

세월이 흘러
흐드러지던 꽃잎 떨어져
그 향기 사라져도

넌
세상에 둘도 없는
나만을 위한 꽃이다

피어난 꽃과 피지 못한 꽃

꽃이 피어나고
햇살 따사롭게 펼쳐지는 봄날

이제 삼월이 가면
뭇사람들의 입에 오르내리는
잔인한 사월의 문이 열리겠지

산엔 수많은 꽃이 피어나지만
꽃망울 터트리지 못한 채
생을 마감한 꽃도 있으리

누가 뭐라 해도
역사의 수레바퀴는
제 갈 길로 굴러가지만
큰 아픔과 상처는
세월이 흘러도 기억에 남는 것

피지 못한 꽃을 위해
피어난 꽃들이 울먹이며 노래하는
창백한 사월의 산야山野

널 잊을 수 없는 건

봄이 찾아오고
이제 꽃잎이 흐드러지겠지

마음 가다듬고
지난 기억 되새기는 이 시간

지금도 널 잊을 수 없는 건
아직 내 가슴속엔
네가 예전처럼 살아있는 까닭이다

내 삶이 다하는 그 순간까지
누가 뭐라 해도
널 잊을 수 없는 건
그만큼 널 사랑했기 때문이리
보고 싶다
딱 한 번만이라도
정말 네가 보고 싶다

별

예전에 난
밤하늘에 뿌려놓은
은빛 은하수를 보며
나도 그 무리의
반짝이는 별이 되고 싶었지

팔베개하고 풀밭에 누워
별을 바라보던
유년 시절의 기억

흐르는 세월 속에
이제 남은 건
청춘의 여백도 지워져 버린
습자지에 그려진 자화상뿐

그런데
네가 먼저 별이 되어 버렸네
바보처럼, 바보처럼

그댄 꽃이었네

그댄 꽃이었네
사랑스런 나의 꽃이었네

그댄
눈물로 피어난 외로운 꽃

광야 한가운데 우뚝 서
폭풍 받아내는
향기 없는 야생화

하지만 나에겐
세상에서 가장 아름다운 꽃

그댄 꽃이었네
사랑스런 나의 꽃이었네

박현옥 시인

전남 화순 출생

시집 『사랑한다는 말로도』를 출간하고
『명인 명시집』, 『특선 시인선집』, 『우면산 나무』, 『하루를 열며』 등 여러 동인집에 주옥같은 시를 발표하였다. 수필작가로도 활동 중이다.

지금은 양산 시골에서 공방을 운영하면서
시작 활동을 꾸준히 하는 조용한 시인이다.

주소 : 양산시
전화 : 010-4233-9044
메일 : infewok@hanmail.net

사랑한다는 말로도

그 흔하디흔한
사랑해요
말 못하고
촛농으로 적신 세월
설컹거리는 마음 자락
혈을 타고 솟구치면
빈방의 저릿한 고독
사랑한다는 말로도
다 할 수 없는
그리움이 있다

긴 밤 여백 속으로
다 하지 못한 마음
컥컥 토해내며
감치던 여러 날만큼
별빛 총총히 떠오면

그땐 말하리라
가슴을 훑어 내렸던
그 말 한마디
사랑해요

울 엄마

보고 싶단
그 말씀에 작은 가슴 미어지고
새벽길 재촉하여 엄마 앞에 섰더니만
울 엄마 어디 가시고
낯선 할매 웃고 계신다

젖은 눈가에 멈춰선 세월은
피하는 내 눈길 쫓아오고
분치장 안 해도 그리 곱던 얼굴은
고랑진 주름 타고 외로움이 뚝뚝 떨어진다

힘주면 부서질 것 같아서
잡지도 못한 손을 내미신 울 엄마
온기 없는 손마디가 너무 차가워
심장이 멈출 것 같다

너무도 작아진 울 엄마
욕조 안에 쑤욱 들어가고
물 위에 뜰 것 같아 눈물로 꾸욱꾸욱 누르며
외로움을 씻어내니

뽀얀 속살은 여전히 고운 울 엄마
총기聰氣없는 눈망울엔
세월을 잡으려는 애절함이 가득하다

무희(舞姬)

타는 노을이 잠들면
사라진 시간이 빚어낸 빛 속에
그리움 품은 어둠이 내린다
한 마리 학이 도어 고고하게 춤을 추는
무희를 보는듯한 황홀함의 장막
애틋함을 허공에 뿌려내는 손끝은
비수匕首 되어
삶의 단면을 베어낸다
젖은 속눈썹은
다하지 못한 여린 슬픔
숨조차 쉴 수 없는
고요함을 연신 찔러대던 초승달은
가슴을 토닥여주고
저만치 비켜서서 숨죽여 지켜보던
바람은 마른 눈물을 닦아 준다
장엄한 몸짓에 이미 심장은 멎어버렸다
어찌
빈 가슴으로 모든 것을 담아낼 수 있으랴
감히
다른 색을 덧칠할 수 있으랴

이미 그리움의 빛이 짙게 물들어 버린
멈춰진 완성작인 것을
가늘게 떨리는 손으로
멈춰진 호흡을 가다듬으며
유리창 너머
당신의 눈물을 닦아 줄 수밖에

바람의 흔적

매서운 칼바람 막아내더니
할퀴고 찢기어서 아프고 시린 상처
흉하게 드러나 있나이다

가슴에 파고드는 설운 통고
속울음으로 삼키며 삭혔더니
가슴은 녹아내려 텅 비었나이다

세상살이 외면하여 눈까지 멀었으니
꽃이 핀다 한들 꽃인들 보이고
봄이 온다 한들 온기를 느끼오리까

한곳에 머물 수 없는 바람이고
깊은 밤 서럽게 울어대는 바람이지만
그 바람 잠든 영혼 깨웠나이다

못내 아쉬운 몸부림으로
꿈길에서나 맞이하는 그리운 임이지만
운명 같은 인연의 시작과 끝자락
놓지 않으렵니다

속없는 바람과 춤추는 나무

여리디여린 마음 뒤흔들어
곱게 치장하여
실루엣 같은 예쁜 옷 입혀주며
시시때때로 찾아와
앞서거니 뒤서거니 노닐자 한다

열정적으로 한바탕 살사를 추고
가볍게 탱고를 추자 더니 만
뾰로통한 심사를 헤이기라도 하였는지
살며시 손 내밀어 블루스를 추자한다

세상에 부러울 것 없는 몸짓으로 다가와
부드러움으로 온몸을 휘감아 돌며
그렇게 춤을 추자한다

서영림 시인

경북 포항(흥해) 출생. 영남대학교 법대 법학과 졸업, 경북대학교 대학원(노동법) 수료
계간 『시세계』 (통권 57호)에 비등단 작가로 작품(詩) 채택과 게재를 계기로 시작활동
계간 『현대문학사조』 (통권 제19호), 월간 『문학세계』 (통권 제243호) 시 부문 등단
현대문학사조문학회, 문학세계문인회 회원
공인노무사
(사)한국공인노무사회 부회장·대구경북지회장 역임, 대구지방법원 노동전문조정위원 역임

주소 : 대구광역시 서구 국채보상로 34 안길 10-16
전화 : 010-2503-2726
메일 : seonomusa@hanmail.net

하얀 5월의 보리밥

내 고향 하얀 5월이
하도 불러서
온 가족 부추겨 고향 나들이,
우리 옛집 가뭇없어 차라리 맘 편하고
담장 찔레나무 오늘도 날 반기는데
하얀 찔레꽃에선 어머니의 봄 내음 그득

산지기 살던 외진 곳에 이제는 근사한 식당,
아내도 산채보리비빔밥
아들도, 아들의 아내도 산채보리비빔밥
아들의 아들도 산채보리비빔밥
난,
그냥 하얀 쌀밥에 봄나물 아무거나!

그대들은 모른다, 차마 모른다
내 어머니의 보리밥을-
"야야, 넌 절대로 장거리선수로는 나가지 마라,
보리밥 한 숟가락 묵고 어째 그리 뛰겠노"
초롱초롱 꼬맹이 눈가에선 눈물이 쭈룩~
난 절대로 단거리 선수였다!

먼 꿈 영글며 허기지던 저 앞산엔
오늘도 이팝나무 하얗게
저리 덥혀있는데
5월의 고향 하늘에선
어머니의 하얀 쌀밥,
펄펄 내리고 있다.

4월의 마지막 비

- 단원고의 사라진 꽃들이여 -

국화꽃 한 송이 올려놓고 머리를 숙인들
하늘은 하염없이 비를 내리는데

누구를 죽이고 누구를 살린들
하늘은 하염없이 비를 내리는데

삭고 썩어 헐어버린 저 지붕 고쳐본들
하늘은 하염없이 비를 내리는데

꽃들도 4월의 마지막 비에 머리 숙이고
나비도 나래 접고 숨을 죽인다.

무심한 맹골수도의 거센 물살은
4월 마지막 내리는 저 빗소리를 듣고 있는지

4월 마지막 하늘엔
꽃망울 터지는 소리

5월의 아침엔
활짝 핀 네 모습 웃는다.

* 맹골수도(孟骨水道) 전라남도 진도군 조도면 맹골도와 거차도 사이에 있는 수도(水道)로서, 전남 해남군과 진도군 사이 울돌목 다음으로 조류가 세다. 2014년 4월 16일 '세월호'가 이 해상에서 침몰하여, 탑승자 총 476명(제주도 수학여행 길의 경기도 안산의 단원고 학생 325명) 중, 304명(단원고 학생 250명)이 희생(사망, 실종)되었다.

이카로스의 눈물

한 포기의 풀조차 일어설 수 없는
메마른 황무지였습니다.
목마름과 굶주림의 힘으로 걸었습니다
찬 서리 눈보라 속에서
눈물도 얼어붙고, 강물도 얼어붙었습니다
헐벗음의 힘으로 언 강을 건넜습니다
거친 골짜기를 지나고
그 험한 산도 넘었습니다

하늘은, 나에게 선물을 내려주었습니다
다른 이보다 더 잘 볼 수 있는 눈과
다른 이보다 더 잘 만들 수 있는 손과
다른 이보다 더 빨리 걸을 수 있는 다리를
가난한 나에게 주었습니다
내 작은 가슴에는
금빛 명찰도 달아주었습니다

높은 언덕 위에서 나는
큰소리로 노래를 불렀습니다
태양은 내 머리 위에서만 빛나고
꽃은 내 정원에서만 피어났습니다
저 높은 산도 옮길 수 있었고
도도한 저 강물도 막을 수 있었습니다
나는, 밤하늘에 가장 빛나는
아름다운 별이었습니다

태양은 서산으로 넘어가는데
반백의 나그네는
바람만이 잠든 빈 들판을
터벅터벅, 그 남겨진 길을 걸어갑니다
뒤돌아봐도,
산은 그 자리에 우뚝 서 있고
강물은 유유히 흘러가고 있습니다
나그네의 발길마다 비가 내리고
그의 눈에도 비가 내립니다

* 이카로스(Icarus): 그리스신화 속의 인물로, 다이달로스(Daedalus)의 아들.

한티의 낙엽

설운 영혼 찾으려
한티 늦가을 숲 속에 들다

아직도 푸른빛 남아 있는 갈잎들
참수의 칼날에 떨어져 나간 머리처럼
속절없이, 속절없이 떨어진다
파르르~ 소리 없는 소리로

나무와는 이별이다, 죽음이다 그러나
결코 사라지는 것은 아니다
새 세상으로 떠나는 거룩한 몸짓!

찬 서리, 눈보라
말없이 다 받아 안고
새봄에 피어날 푸른 새 생명을
잉태하리니

나는, 오늘
한티의 한 잎 낙엽이 되라

* 한티('큰 고개'란 뜻); 경상북도 칠곡군 동명면에 소재, 대구에서 북쪽으로 28km 해발 600m의 깊은 산중턱 고갯길 인근 일대. 조선시대 천주교 박해 때 교우들이 박해를 피해 교우촌을 이루었던 곳으로 병인박해 중인 1868년 봄 배교를 거부하다 현장에서 처형당한 40여명의 순교자들이 묻혀 있다.

우리 집 선풍기

산들바람 살랑대는 강가로 갈까, 녹음 짙은 숲으로 갈까
쿡, 눌러놓고 퍼질러 누우면 어디라도 못 갈까

쪽빛 드레스에 가슴엔 샛별이 반짝, 아리따운 숙녀로 왔지
긴 세월 바람 날개 돌리느라 할머니가 되었네

털털거리는 소리는 짜증나지만 가슴앓이고
터실터실 튼 껍질은 캘커타의 성녀 얼굴 같아라

더 이상 고장 나면 안 돼!

골목에서 들려오는 턱없는 소리
"고장 난 냉장고나 오래된 선풍기도 삽니다~"

*샛별; 금성(옛 가전제품 상표)

손수여 시인

문학박사. 「한국시학」 신인작품상 제1호 (경기시협) 및 시세계등단.
제24회 「문예사조」 문학상 본상(2013),
제5회 「아시아서석문학」 문학상 대상(2014),
제13회 「국제P.E.N 아카데미문학상」 (2014),
제8회 「국보문학」 문학상 대상(2014)수상 등. 한국문인협회 모국어 가꾸기 위원.
국제P.E.N. 한국본부 이사. 대구문인협회 부회장. 한국 시인연대. 죽순문학회. 한국시학 이사.
통일부 한민족문예작품 공모전 대구시 심사위원. 계간 미래문학 편집위원 및 신인문학상 심사위원. 계간 아시아서석문학 자문위원 및 신인문학상 심사위원.
월간 한국국보문학 편집고문 및 신인문학상 심사위원 등.

시 집 : 『반추』 외 2권.
수필집 : 『나누고 싶은 생각』.
학술서 : 『국어어휘론 연구방법』. 『우리말 연구(공저)』 등 6종 외 논문 다수.

주소 : 대구시 달서구 대명천로 119 롯데캐슬 201-605
전화 : 010-8859-7933
메일 : yjson1@daegu.ac.kr

사모곡

– 임자도에서 –

어머니
임자! 그 옛날 들깨 섬
척박한 땅에 버려진 들풀 같은 들깨,
당신에게 평생을 늘
거름 없이
비료 없이
물도 부족하게
그러나 곡식 밭을 보듬는 울타리로
그렇게 사셨습니다.
가끔은 푸른 잎 내어주며
열매 달고 꿋꿋이 세월을 지켰습니다.

올망졸망 이웃한 천사의 섬들
머언 먼 섬 임자도!
어울렁 더울렁 너울 타고
가슴으로 달려오는 푸른 바다, 어머니
온 종일 달군 찜질방 같은 백사장이
엄니의 굽은 허리를
기다리다 지친 듯이 누워있네요.
앉았던 바람이 눈물을 닦고

지는 노을도 눈시울을 붉게 적시네요,
내 혈관에서 피는 외로운 영혼이여,
별빛이 내려와 함께 우는 밤이여

생전에 즐겨 끓이셨던 된장국에
설익은 몇 조각 달빛을 풀어 넣고
멍석 마당 식탁 위에 별빛도 켜 놓은,
모깃불 피워놓고 둘러앉은 식솔 앞에
기나긴 하지 해도 모자라셨던 당신
이제야 어렴풋이 깨달았습니다.
오로지 자식새끼만을 위해
저 달빛에 청상을 매어놓고 사셨던
들깨 같은 인생을
그런 어머니 당신을.

웃기돌 같은 그 여자

내 아내는 돌이다.
홍수로 패인 냇가에 지천인 돌,
그 중에 모나지 않는 둥글납작한 돌 하나가
울 집에 왔다.
고이 씻겨 베란다 양지 장독대에 얌전히 앉아 있다.
하늘 높고 햇살 따사로운 가을날,
아내는 예쁘게 채색된 콩잎을 따다가
한 움큼씩 쥐기도 담그기도 좋게 단을 묶고
옹기 항아리에 차곡차곡 넣어 간장을 붓는다.
콩잎이 간장 물 위로 뜨지 못하게 눌러두는 돌,
이 돌이 웃기돌이다.
시커먼 짠 간장에 온통 절이고 배여서 콩잎을 삭힌다.
콩잎과 똑같이 자신도 함께 몇 달 동안을.
하도 무뚝뚝 하길래 삼십 년을 돌아돌아 캤는데,
이게 아내아이가?
웃기돌 같은 그 여자!

밤(栗)

욕심쟁이 외톨이
쏘옥 빼닮은 일란성 쌍둥이 형제
비집고 들어선 세톨박이 자매들.

벌이 쏘고 갈까
도둑이 훔쳐갈까 봐
가시 갑옷 속에 숨었다.

그러다가 어느 날
주체 못 하고 벌어진 널 보고
바람이 웃고 있다.

반야사에 가면

문수보살이 웃고 있었다
입꼬리 보일 듯 말 듯 미소 지으신
마음 바닷속 들여다보는 환한 미소
세상 어디에도 얻을 수 없는 웃음을

삼층석탑이 웃음 지키는 그 뜰엔
미소 먹고 자란 오백 년을
고운 살결 배롱나무도 춘흥에 겨워
고요한 달이 뜨면 배시시 웃고 있다

염화미소 간절하게 바라보면
무거운 속세 오만 시름
물한계곡 맑은 물에 씻겨
솔바람에 묻혀 구름처럼 떠나는 것을.

상사화 2

인고의 세월을
너는 저만치 가고
나는 여기 섰는데
날마다
해마다
비켜 가고
비켜 왔던
가슴 아린 사연을
맺어 이룬 저 꽃.

이제는 만나려나
목 빼 올려 외로이 서서
행여
꿈 이루려나
기다림 속에
피고 지고
지고 핀 저 세월
하루같이
또 천 년을.

왕영분 시인

아호 : 靑蘭

언제나 "차 한잔 하실까요?" 의 시인은 사진 작가이기도 하다
그의 사진 작품은 주로 자연의 소재에 포커스를 맞추고 있는데 들여다 보면 복 수록 힐링의 동화나라로 빨려든다
시 또한 순수하여 시인의 마음은 아직도 황혼의 나이를 거꾸로 돌리고 있다

문학세계 시부문 신인문학상
한국 다산문학회 대상
경기도 주부 백일장 입선
한국문인협회 회원
강화지부 문인협회 회원
좋은詩 선정 : 김포데일리지, 대구신문, 내외신문
다산문학, 월간문학, 서정문학, 영상문학, 현대문예사조, 동방문학등
공저 : 『내마음속의 독도』, 『연꽃』 앤솔러지외 다수
개인시집 : 『속삭임(1)』, 『햇살 한 줌의 행복(2)』, 『참나리 사계를 살다(3)』

주소 : 인천시 강화군,읍 갑룡길117번길 28~3
동경그린빌라 나동 205호
전화 : 010-5662-9177
메일 : ybttn@ hanmail.net

난蘭을 치다

소일거리를 찾다가
추억처럼 밀려나 있던 붓을 잡아본다
난을 그려보겠다고 그런데
수전증인가 떨리긴 왜 그리 떨리는지
서미鼠尾는 어디로 달아나고
봉안鳳眼은 호수만 하니
파봉안破鳳眼이 무색하고
납작 기울어진 난蘭 잎이
하늘 높은 줄 모르고 땅으로 기는구나.

세월이 갈수록
쌓여가는 건 근심 걱정뿐이고
어깨허리 팔다리 고통뿐이니
잠시 머물다 가는 인생길
난蘭인들 제대로 고추 설 수 있으리
머물러 놀다 갈 수 있는 길이라면
넉넉한 마음 밭에
눕기도 하고 서기도 하며 아름다운 꽃도 피워
터질듯 난향으로 가득 채우겠건만.

새벽길

오늘은 붉은 해를 맞이할 수 있을까
주섬주섬 옷을 입고 외투를 걸친다.
카메라를 메고 현관을 나선다.
임 마중하는 길이 이리 설렐까
소풍 가는 길이 이리 가벼울까
몇 미터 앞도 분간 안 되는 미로를
아마 곧 걷힐 거야
미명 속 뚝방 길로 찬바람 지나간다.
북녘으로 가는 기러기 떼들
저 자유

여명을 밀어내며 서서히 붉어져 오는 산등성
아픈 상처에 새 살 돋듯
누워있던 누런 풀들이 빛을 품는다.
하얀 서리꽃 사이로 이슬방울이 영롱하다
갈아엎은 논흙 사이로 얼음 꽃이 핀다.
슬그머니 다가가 살며시 엿보았을 뿐인데
단지 그 뿐이었는데
푸른 아침이 눈을 뜨고 숨을 쉬는 듯
아! 자연의 이 오묘함이여.

인연

어디서부터 온 줄일까
끊으려야 끊을 수도 없는
질기디질긴 그 줄
너와 나 우린
그렇게 한 줄에 묶여있었구나

한솥밥을 먹고
한 지붕 아래
같은 하늘 바라보며
함께 울고 웃으며
한 백 년 그리 살 줄 알았지

언제부터인가
우린 서로 다른 방향 바라보며
마음은 그렇지 않다고 도리질해댔지
마주 잡은 손에 힘주며
오랏줄보다 질긴 줄이라고,

먼 길 돌아
다시 그 자리 와 보니
앙상한 가지에 새싹 돋듯이
기다리고 있었구나
끝이 보이지 않던 인연 줄

꽃들의 반란

햇살 고운 빈가지
천사의 날개 접어
순백의 사랑 머물었네.

고운 자태 그대로
그대 품에 안기오니
오래 머물러 쉬어가게 한 들
흉이야 되겠습니까.

아름다움에 넋을 잃고
잠시 혼절한다 한들
가슴 가득한 사랑 이야기

행여 부끄러움에
고개 들지 못한들
그 사랑 헤아리지 못하고
그냥 스쳐 지나게야 하겠습니까.

사랑스런 그대여,
우리의 만남을 노래하라
나는 춤을 추리니

아름다운 편지

짙은 잿빛 하늘을 바라보다
먹먹해지는 가슴 울컥해진다.
쥐어짜면 한 동이는 쏟아낼 것 같다

그 사람, 보고 싶다
하고 싶은 말이 너무 많으면
백지를 보내라던가

보이지 않아도 볼 수 있고
들리지 않아도 알 수 있으며
마음속까지 들여다볼 수 있다던가

사연이 가슴 가득 차올라
쓰고 또 써도 넘칠 거 같으면
텅 빈 백지 한 장 보내라 했지

점 하나 없는 하얀 백지
그 곳에 내 마음 모두 담아 보내니
함박눈 되어 잠시 다녀가시길.

윤하섭 시인

한의사 경력 30년
연변작가협회 회원
아시아서석문학 시부문 등단
서석문학 회원
한국문학예술 이사
한국문인협회 회원
한국현대시인협회 중앙위원
동인지 『철쭉꽃 필때』 등 다수
북방흑토문학상
한울문학 작가상
동포문학 시부문 대상

주소 : 경기도 시흥시 큰솔로 41번길 11-7 102(정왕동)
전화 : 010-2538-1162
메일 : yunhaseop2@daum.net

손금

내가
태여난 날
신神이
휘갈겨 써 준
축하 메시지
난해한
천서天書 몇 줄
손에 펴들고
끙 끙
일생을 해독한다

상사화

갑돌이가 작사하고
갑순이가 곡을 지은
끝내 이루지 못한
피맺힌 사랑 노래의
진분홍 제목
세 글자
상
사
화

하객賀客

칠순 생일 잔칫날
세월호 KTX 잡아타고
학수고대 하객들이 오네
맨 먼저
높은 직위에서 일 보시는
고혈압이 점잖게 들어서고
뒤이어
오랜 무릎 두 분 모시고
퇴행성관절염이 찾아 왔네
성공한 사업가여서
늘 시간에 쫓기는 치매는
축의금만 내놓고 도망가고
뒤늦게 달려온 검버섯이
죽어서도 사랑 한다며
내 볼에 이마에
까만 립스틱 자국 막 찍어 주네

인감도장

내 앞에 낯선 내가 서 있다
눈 코 입 귀가 다 반대 방향이다
사정없는 칼 자리가 선명하다
도장을 찍으니 올바른 내가 나온다
사랑의 칼은 언제 봐도
반대편에서 사람을 만들어준다

모순矛盾

아버지의 혈액형은 A형이다
끝이 뾰족한 창이다
창끝은 언제나
가난과 울분으로 어머니를 겨눈다
어머니의 혈액형은 B형이다
손잡이가 달린 방패다
방패는 당당히
아버지의 창끝을 막아 나선다
나의 혈액형은 AB형이다
방패에 창이 꽂인 조형예술이다
더 밀고 들어가지도 못하고
더 막아낼 힘도 바닥 난
영원히 응고된 사랑의 극치다
우리 집은 늘 전쟁과 평화다

이기은 시인

1958년 포항출생(현 김포거주)

성 명 : 본 명 : 이기은(李基銀)

아호 : 고송(孤松) – 시인, 수필가

한마디로 묵직한 시인이다.

수 상

2008년 11월 : 서정문학상 본상 수상(한국서정문인협회)

2009년 08월 : 독도 詩 공모전 대상 수상(문화복지신문)

2010년 03월 : 글봄문학대상 수상(글봄 문학회)

2010년 11월 : 장흥군 및 기봉백광홍선생선양회 전국 가사, 시조 공모전 가사부문 응모, 대상수상(장흥군수)

2012년 11월 : 김포문학상 본상 수상(김포시장)

著書 : 개인詩集

1. 자귀나무 향기1,2집 (도서출판 글벗)
   2008년 1월 『우리 함께 눈 먼 새로 살자』
   2008년 5월 『날갯짓을 해야 삶이 곱다』
2. 2013년12월 『별밤에 쓰는 편지』 외 6권
   전자책 동시발간(한국문학방송)

공저 시집 : 『한국 100 인 명시선』 外 60여권 작품 수록

주소 : 경기도 김포시 봉화로 59-17 신안아파트 102동 1007호

전화 : 010-4087-3344

메일 : lke1303@hanmail.net

노거수의 꿈

심고 또 심어 삶을 이어가라
수만 그루 푸름 심어 눈터지게 보살피면
한 그루쯤 노거수 되어
팔 벌리고 반겨주겠지
그의 가슴에 고단을 묻고 엉엉 소리 내어 울 날
수만의 족속들은 알고 있을 테지
묵정밭의 가시들도 다들 집이 있지만
네 집 가라 하는 이 없어
내 집처럼 머물지
청석이 깎여 여울 만들어진 까닭은
흔적 하나 남기지 못해도
기죽지 않고 연이어 흐른 물에 있지
누가 이유 캐묻지 않아도
하류로, 하류로 흐르며 물은 답하고 있지
다만 건성건성 듣고픈 때만
귀를 여는 찔레꽃이 문제지
하얗게 피면 다 꽃인 줄 알지만
개중엔 꽃 아닌 꽃도 많지
수만 송이 꽃 피우다 보면 한 송이는 분명
꽃이 되지

향도 곱고 색깔 짙은 향기가 되지
수만 그루 나무 심다 보면
한 그루쯤 싱싱한 노거수 되지
늘그막에 찾아간 낯선 고향
어미 아비 품이 되어 보듬어 줄 테지.

누렁아, 누렁아

신발장 가득 소들이 누워있다
지루한 시간을 하품으로 편곡하여 꾸역꾸역
기다림을 쌓는
아침에 밭일 저녁엔 논 일 그러고도
삼태성이 질 때까지 잠 못 드는
살 저며 주고
남은 발은 길이 되고
남은 꼬리 더듬이 되고
남은 머리 보약 되고
천덕꾸러기 껍질만 소가 되고, 소가 되고
"음매"울던 송아지 눈물로 이어 붙인
삶이 되어
뉘 집 현관 신발장에 누웠다
꾹꾹 눌러놓은 아스팔트가 일어나서
바다 건너 제집으로 가면
푸른 움 다시 돋아 고향이 될까
산등성이, 푸른 물로 남은 그들의 발자국 따라
할아비, 아비 잠재운 산기슭
둥굴게 남은 흔적 돌아보며, 돌아보며
그렁그렁 채운 이별 마침내 흘리던

누렁아 부르면 현관 신발장 안에서
음매~
메아리로 답하는 낯익은 중저음.

이방인

지붕마다 접시 하나씩 하늘 보고 누웠다
하늘이 보낸 묵언의 철학
거미줄보다 엷은 색깔을 모아
곱게 단장하고 다듬어서 디지털의 꽃이 핀다
짙은 색깔에 선명한 꽃받침이 곱다
꽃그늘의 묵빛도 짙다

기억을 거슬러
고등어 뼈다귀 같은 안테나 휘휘 돌리며
받아낸 언어는 정스럽다
투박한 사투리 닮아 거칠긴 했어도
입안에 착착 감겨오는 된장 맛이었다
장독대에 핀 봉숭아 색깔로
진하지 않은 화장을 하고 다가오는
낡아서 편안한 헌 옷 같았다

디지털로 모자이크하는 아이들의 웃음
아날로그로 희미해져 가는 부모님의 미소
이도 저도 아닌 어정쩡한 모습의, 나는
접시도, 뼈다귀도 못 되는 이방인
지천명의 강 건너고도 풀지 못한 화두를 안고
정처 없이 내딛는 낯선 걸음.

말 가시

세상 모든 언어들은
한 번의 쓰임에 만족하며 웃음처럼 증발한다
혓바늘로 돋아서 독침이기도 하고
탱자나무 가시의 거만함으로 오월 춘곤의
부드러움이기도 한
언어들의 증발이 없었다면
나는 말의 고문을 건너지 못했을 것이다
일침의 교훈으로 따끔거리는
그러나 때론
물처럼 고여 저를 담은
단단함에 의지하며 올올이 시간을 꿰다가
마음 동하는 순간 과거를 거두어들이려는 무모함
구석구석 혈을 더듬어
통증을 완화시켜주던 빛의 촉을 하나, 둘
갈무리할 때
그의 모습은 무심, 더도 덜도 아니다
그리 시간마저 뭉뚱그려 떠나고 나면
그가 머물던 자리엔 단 한 글자만 남는다
세상의 언어가 다 사라지고
언어의 필요성을 느끼지 못하는 허무의 늘어짐

늘어지게 한숨 자고 난 순간의 멍함
아무것도 없다는 의미
무(無), 공허, 비움, 이런 것들……

그들의 일생

(부제:단풍으로지다)

묵언 수행하며 절간 언저리에 살았네
얹혀살건 보듬고 살건
절간 덕에 무병장수하며 바람의 언어 배웠네

댓잎의 절개도 보고
솔 향의 청아함도 알지만 그리 살진 못했네
바람의 수런거림에 추색이 밀려오면
곱기는 잠자리 날개에 앉은 노을을 닮고
프리즘을 통과한 아침의 옷을 입혀 내다 건
홍등

풍경소리 흩날리는 해거름 오면
마당 쓸던 바람과 하직하고는, 부처님 전에
몸 보시 하네
오체투지 오방색 불심으로 쌓은 높이
천만 번 보시하네, 몸으로 보시하네.

이길옥 시인

"40여 년 넘게 시를 써 왔는데
이제야 조금 알 것 같다는 시인"

경력
목포 교육대학 교원양성소 / 광주 교육대학 국어전공
1969년 3월1일 교직시작 / 2008년 8월31일 교직 40년 퇴직
(홍조근정 훈장)

등단
1974년 통일생활 신춘문예 시부 당선
1975년 교육자료 시 3회 추천 완료, 외

수상
한국정서교육위원회 학생문예상
광주교육대학 글짓기 지도교사상 수상
학생종합예술제 글짓기 지도교사상 수상
2007, 한국문학정신 광주비엔날레시화전 대상
2010, 창작문학예술인상 대상
2013, 광주문인협회 시부 대상, 외

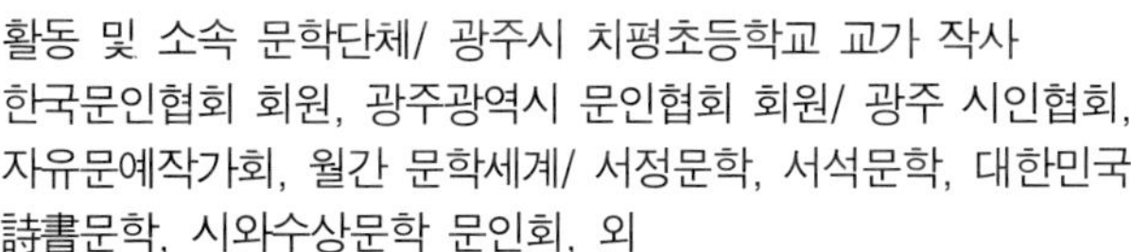

활동 및 소속 문학단체/ 광주시 치평초등학교 교가 작사
한국문인협회 회원, 광주광역시 문인협회 회원/ 광주 시인협회, 자유문예작가회, 월간 문학세계/ 서정문학, 서석문학, 대한민국 詩書문학, 시와수상문학 문인회, 외

저서
시집 : 『하늘에서 온 편지』 2007, 자유문예출판사
『물도 운다』 2011, 도서출판 서석

주소 : 광주광역시 북구 매곡동 아남 아파트 101동 908
전화 : 집 062-952-8801 손전화 010-3627-8801
메일 : kilok1@hanmail.net

지하철 풍경

잘 안 나가는 시인의
시집 출판 기념회에 들렀다가
잘 안 읽히는 시집 한 권 얻어 들고
지하철을 탔다.

지하철 의자에 앉은 이나 서 있는 이나
한결같이 전화기와 논다.
책을 든 나는 낯선 이방인이다.

새로운 풍속도에 끼어든 내가 미안하다.

내 옆의 젊은이 손에서 신호음이
벌떡벌떡 심장 뛰는 소리를 끌고 나온다.

내 손에서 안 읽히는 시집이 부르르 떤다.

빛의 이동

빛의 발을 보았다.

눈 깜짝할 사이 지나갈 줄 알았던
그렇게 빠른 줄 알았던 빛이
게으름을 피우며 느릿느릿
팔자걸음을 걷고 있는 것을 보았다.

새벽 편백나무 숲에 들어
숲의 성긴 틈을 빠져나온 빛이
축축한 음기를 만나
발소리를 죽이고 있는 것을 보았다.

나는 편백나무 숲의 뒤쪽
빛의 느린 발걸음에 밟히는 그늘에서
편백 잎에서 놀던 빛의 혼이
서서히 초록으로 걸어가는 것을 보았다.

빛이
느리게 이동하는 것을 보면서
조급한 내 성질머리를 지그시 눌렀다.

2014 전집 풍경

<원탁 1>
놀고먹으며 따끈따끈한 국민의 혈세로 똥배 불리는
국회의원님들이
어금니에 아작아작 씹히고 있다.

게거품을 섞어 으드득 씹히는 맛과
막걸리 한 사발에 얻은 객기로
국회 문 닫으라 악을 쓰고 있다.

<원탁 2>
상사가, 사장이 도마 위에 올라
쾅쾅
난도질을 당하고 있다.

죽일 놈이 되고
지구를 떠나야 할 놈이 되어
욕 더미에 깔려 캑캑거리고 있다.

<원탁 3>
친구들 불러들여 고도리 판에 불을 지핀
사모님들이
뾰쪽한 송곳니에 찢기고 있다.

월급 타령 승진 타령에 열 오르던
사모님들이
소주잔에 빠져 헉헉 혼절하고 있다.

<원탁 4>
고희의 뚜껑을 열고 기웃거리는 친구와 나는
눈 멀뚱거리며 멍청히 보고 듣다 일어선다.

소리의 길

해발 650m 정상
건너편 더 높은 산이 부아를 지른다.
오기 발동하여
하늘 찢어지게 악을 써본다.
기가 살아 날개를 달고 날았던 악다구니가
덜덜 떨며 되돌아온다.
앞산의 큰 덩치에 야코죽었던지 아니면
그 산이 휘두른 주먹에 한 방 터진 게 분명하다.
떨림의 크기로 보아 당한 게 틀림없는데
잘도 돌아왔다.
악다구니도 다니는 길이 있나 보다.
실험 삼아 다시 한 번 울대에 힘을 넣어
앞산을 향해 날카로운 비명을 쏘아본다.
산의 심장에 명중할 줄 알았던 비명이
산의 두개골을 빠갤 줄 알았던 비명이
핏기 잃고 비틀거리며 되돌아온다.
맥 풀린 다리를 휘청거리며
창백한 얼굴로 돌아와 내 앞에 쓰러진다.
당해도 크게 당하고도 길을 잃지 않은
비명의 실체를 일으켜 세워놓고

소리의 길을 더듬어본다.
해발 650m의 정상보다 더 높은 산이 되돌려준
소리가 되어 소리의 길을 걸어본다.

四代

할아버지께서는
오래 두고 쓸 것은
짚으로 묶어 눈에 띄는 곳에 걸어두셨고
귀하고 중요한 것이다 싶으면
쌈지에 넣은 뒤 주둥이 단단히 묶어
소중하게 품에 넣고 사셨다.

아버지께서는
쓰고 남은 것이 있으면 선반에 올려두고
필요할 때 내려 쓰셨다.
돈 몇 푼 챙겨 넣은 지갑은
왼쪽 안주머니 심장 가까이에 넣고
단추를 잠근 뒤 쉽게 꺼내시는 법이 없으셨다.
지갑에서도 심장 뛰는 소리가 났다.

나는
쓰고 남은 것이 있으면 내다 버린다.
필요할 때 다시 사다 쓴다.
지갑엔 돈 대신 카드 몇 장이 들어 있다.
카드의 위력이 대단하다.
잘 쓰면 보검이지만 못 쓰면 목이 잘린다.

자식 놈은
아예 완제품만 쓴다.
고쳐 쓰는 법이 없다.
새것이 좋단다.
모든 것을 스마트폰으로 해결한다.
변하는 세상이 좋기는 좋다.

이명숙 시인

서울 출생.

현 헤어 디자이너

정드리 동인

2013 중앙시조 10월 장원

2014 영주 신춘문예 시조 당선

2014 시조시학 등단

오늘의시조시인회의 회원

주소 : 제주시 한라대학로 89(노형동)1층 티니헤어

전화 : 064-711-1831, 010-3459-1831

메일 : lms02010@hanmail.net

뭍이거나 섬이거나

불빛이 하나둘
물속인 양 공기 방울처럼 돈는다

밤새 내린 이슬이 창을 미는 새벽
졸음 덜 가신 눈빛의 아내처럼 부스스 열리는 도시

개나리 진달래 꽃길 따라
멧새일까 굴뚝새일까
앞장서서 길을 여는 출근길
의정부 건영아파트 옆 납작 동산에서 날아온
안녕을 묻는 새들
아슥한 기억 속에 꿈인 듯 머물다 나오니
창밖은 때 아닌 소나기가 강풍에 널브러진다
오 년 전
처음 섬 밟은 나처럼,

사는 거
아득바득 살 일 아닌 줄 알아도
틈 하나 없이 명치 늘 더부룩한 도시처럼
소화제를
먼지처럼 마시며 사는 게 문득 미안해
저 새들처럼
가볍게 살고 싶은
목련이 날 보고 웃는 듯한 봄날

태풍 산바

나는 내가
무엇을
어떻게 잘못했는지 모르지만
참혹할 만큼
큰 실수를 한 건 분명하다.

산안개

평생
딱 한 번
운다는 듯이

송홧가루로 도배하는 봄날

쮸삐쮸삐 치 치
솔잣새 울면

천지가
노랗다가
적멸에 드는

솔의 뼈

돌아온다는 말

지류를 찾아 야윈 등 드러낸 채
오르고 또 오르다 마침내
생사를 입증하는 연어처럼
저녁나절
붉은 꽃술 세우는 여왕의 꽃
큰 가시연꽃처럼
꿀꺽 삼킨
반 생애 토해내듯이
붉은 그 말,
믿고 안 믿고는 내 일이다
오지 않는 애인은 그뿐
여기 없는 그는 이제
다정하지 않은, 삶 밖의 일이다

다만,
비어 돌아온다는 건 얼마나 황홀한가

꽃심

관음사 연지에 듣는 빗방울처럼
하필 벚꽃잎 위인 거라
섞이지 못한 채 떠도는 이내처럼 먼
기와불사에 쓴 애틋한 그리움처럼 다시 먼
이미 숨어버린
당신 전부를 놓치지 않겠습니다

하늘이시여,
내가
그 사랑을
증명한다면 가질 수 있겠습니까?

사리가 옹이처럼 박혔습니다

이정규 시인

2006년 현대시선 문예지 응모, 신인 작가상 수상
작가 인정서 (문화등록 제03442)
2007년 대경지부 지회장 (전)
방송 "라이프 TV"," 메가박스 TV"시 다수 발표
2008년 시 (붉은 입술) 국문과 교수 학생 수업용으로 채택 수업
2010년 기독교 방송 "햇빛 되게 하소서" 프로그램
그대 오는 길목에서 (시)외 방송
2013년 효문학 효행상 대회 시 부분 금상 수상
2014년 현대시선 문학협회. 대경지부 자문위원

주소 : 대구광역시 수성구 지범로 39길 56
범물 보성타운 103동 903호
전화 : 010-3816-7844
메일 : jg7844@hanmail.net

윤회의 진리

그토록 오랜
몸부림의 순간과 역경의 세월에
꿈꾸던 삶
슬픔과 기쁨도 있었지만

필연의 빛으로
속절없는 인고의 굴레 벗어 버린
생의 진경은
그대가
아픈 상처를 치유해 주지 않았던가

서러운 마음
조용히 숨죽여 갈 즈음
소중한 만남
역동적인 그 열정 속에 부푼 꿈을
타들어 가는 촛불의 심지처럼
마냥
당신에게 쏟아 부었습니다

지금
통제된 시간 속에서도
고귀한 내 사랑 하나 품고 있으니
속세의 미련은
배신하지 않는 윤회의 진리이기를.

일편단심

그대는
인연의 겁劫으로 오신
님이 아니었습니다

인생의 충동 속에
바람 불어
필연인 것을 포착하였으니
비로소 그 깨달음을
텅 빈 마음 뜨락에 담았습니다

그대와 귀한 인연이 되어
생을 다 하는 그 날까지
기쁨도 슬픔도 함께하자며
굳은 언약식은
하늘이 정해 준 뜻이였고
순리였음을 내 알았습니다

일기일회一期一回로
한 방울의 빗물이 모여 흘러가듯
어둠의 나락이 아닌
희망의 터널에서
우린
웃고 있어야 하기에

보이지 않는 마음이지만
거짓 없는 진실 속에서
반백의 인생을
아름답고 행복한 모습으로
일편단심
사랑으로 지켜 가고 싶은 마음뿐입니다

나 하나의 별빛은

유영의 실체들 그 속에서
망각은 남용일까
객기의 숙명 앞에
해국海菊의 청아한 미소
생의 흔적 돌아보면
잘난 것도
모난 것도 없거니와
몽환적인 시간들인 것을
잿빛 하는 머물고 갈 즈음
애잔한 눈망울은
청령포青伶捕 부여잡은
인연의 눈물이라
나 하나의 별빛은
그윽한 향기로
스며드는 여운만큼이나
갈망으로 쏟아지는
부픈 사랑의 바램이었어.

짙은 정情

속울음 내뱉는
아픔의 절규처럼
달빛 새어드는 사색의 창가에
그리움이 묻혀 우는 것은
스쳐 가는 바람 탓이었을까
반백의 중년
그대와의 입맞춤은
내 가슴 깊은 뜨락에
핑크빛 사랑으로
주야장천 나랫짓 하여도
해가 놀다 간 빈 들녘은
하얀 그리움이
별빛 그네 타고 내려와
소롯이
한 조각 외로움을 잉태합니다
짙은 정情은
무언의 침묵을 깬 듯
격정의 언저리 내려놓고
백치의 본 향으로
진실 속에서만 잠들고 싶어요

사랑의 단짝

그리움이란 말
접어 두고
늘
당신을
지켜 주고 싶었던 이 마음
생을
살아가면서
사랑한
필연의 단 한 사람
그림자 없는 밝은 빛으로
외면할 수 없는
이 세상에
포근한 사랑으로
삶의 보람과 기쁨을 주고
당신 곁에 내가 있고
내 옆에
당신이 있으니
살 만한 세상
행복한 동반자로 함께 하렵니다
내 사랑의 단짝

이젠
움츠려진 마음 열어
활짝 웃고 살아요 .

이정표 시인

본 명 : 이영만

아 호 : 오은   필 명 : 이정표

출생지 : 전남 영광군 묘량면 영양리 647

경기도교육청소속 교육공무원정년퇴임

전 교육부소속공무원연합회장(가칭:노동조합 준비 위원장)

전 현대침술연구회 사무국장

재경 전주 이씨 완풍대군 파양도공종회이사

2010년 1월 백두산문학(시 부문)등단

2011년 4월 백두산 문학작가상 수상(노을 외1편)

2011년 가을 한류문예시선작가상수상(여름 밤 외 3편)

주소 : 안양시 만안구 병목안로 110번길 12, 104동 902호

안양9동 율목주공아파트

전화 : 010-7676-8093

메일 : oheun8093@daum.net

만종

산 그림자 내려오고 있는
한적한 시골에 와 있습니다
화려한 빛깔의 풍경은 아니지만
고즈넉한 시골이라서인지
싱그러운 물결로 일렁이는 들녘이
티 없이 맑고 풋풋하기만 합니다
풋풋한 바람 소리를 따라 걸어가다 보면
어슴푸레한 사잇길로
낡은 시간의 흔적들이 사라져 가고
사라져 가는 것들에 대한 아쉬움에
봄날의 해 질 녘 사잇길 모퉁이 끝에는
가득한 바람 소리와 청보리밭 물결이
시름 많은 바다가 되어 넘실거리나니
보리피리처럼 우러나오는 바람 소리 곁에는
결코 길지 않은 하루해와 함께
내게 주어졌던 하루가 저물어 가고 있습니다
우리가 누릴 수 있는 시간이 빛살 같아서인지
생의 애달프고 허허로운 그림자가
봄빛의 서러운 풍경을 따라 드러눕고
어둠이 내리는 들판에 출렁이는 푸른 물결이
만종 소리와 함께 엎드려 우는 듯합니다

빗소리

울타리가
호박 넝쿨 이파리 타고 내리는
미성의 음계처럼
선술집에 둘러앉아
술상을 두드리고
독백을 게워내듯 노래하던
그 젓가락 장단처럼
밤이 깊어갈수록
적막하고 괴괴한 시간
눈물 강 굽이굽이
제 울음에 지쳐
정적을 깨뜨리는 소리처럼
창문을 두드리는
저 빗소리

어느 그리운 날

- 사립문 밖에서 -

붉게 드리운 노을빛이
사립문 밖, 아득한 세상 끝에 선
인욕의 삶처럼 질긴 그리움에
추억의 그물을 건져 올리고 있습니다
변방으로 떠돌아 오느라
오랫동안 버려두었던 시간들이
하늬바람에 씻겨간 세월
황무지가 되어버린 텃밭에 오르시어
어머니가 길쌈을 매고 계시는지
겁에 질린 어린 아이처럼
홀로 비워둔 초가삼간 오두막집은
헤아릴 수 없는 외로움에 울먹이는 듯
무너져 내리고 있습니다
뒤척이는 바람 소리는
밤에서 깨어난 장명등을 앞세워
고샅길 어귀에 심지를 돋우고
마음 둘 곳 없는 어스름 길을 좇아
소멸해가는 시간의 의미를
곱씹고 서 있습니다

사모곡

노을 비낀
아린 빛
산 그림자 따라 내려오는데
읍내 장에 다녀오시느라
발걸음 늦으시나
학교 갔다 돌아와
뒤란으로 돌아가 찾아보고
텃밭에 올라가 애타게 불러 보아도
시리게 스러져가는 하늘 끝
덩그러니 떠가는
목 메인 구름 한 조각
황혼에
울음 섞인 넋두리
허공으로 흩어지고
생과 사 이별 뭔지도 모를
열두 살 울먹이는 선홍빛 그리움
보리봉輔李峰 산자락에 누워 계시네

후안무치의 진풍경

할미꽃 고개 떨구고 있는
요양병원 후미진 창가
모질긴 생의 끈 놓지 못해
파리한 손
모아 쥐고 어루만지면
고갯길 언덕 하얗게 머리 풀어헤친
억새풀처럼 흔들리고 있는 어머니
효라는 미명美名아래
성냥갑 속에 가두어 놓은 후안무치厚顔無恥
가식으로 가득 띤 눈망울 빛
병상 모서리 돌봐드립네 조아리고
엎드려 있네

정종원 시인

나주 출생

연세대학교 사회교육원 창작문학과정 이수

스토리문학 등단

강화문학회원

주소 : 인천광역시 강화군 강화읍 갑룡길 87-9
마이더스2차1동201호

전화 : 010-6236-2877

메일 : namudgoon@hanmail.net

채무자

40에 친구는 간 경화로 죽었다
술 유전자 몸에 난 것 같아
다른 친구들의 기피대상이었다
그가 먹고 간 술상엔 홋바레기
아내와 그만그만한 아이 셋, 남은
안주였다
다섯 살 박이 상주는 굵은 무명베
상복 두루마기에 떡가루 호박전 손에
들고 우리 집 초상났다고 폴짝폴짝
뛰어놀았다

이것도 세상이라고 사느라
한 번도 챙겨주지 못했는데
어떻게 살았는지
어떻게 살았는지
결혼한다고, 아버지 친구라고
청첩장 왔다

이제 머지않아 다시 한동네에서
그 친구 만날 텐데
따귀나 한 대 맞으면 다행이고

자존심

요즘 돈 이야기를 입에 달고 살던
그녀, 가게 앞에 벤츠가 자주 서더니
오늘은 그녀가 그 차를 타고 나간다

경차인 나는
그 차를 잡지 못했다
'아니야' 내가 잘못 본 거야, 라고 중얼거리며

다섯 살 달마

할아버지이
마음이 뭐야?
손끝에 매달려 팔랑개비같이 뱅글뱅글 돌며
거리의 온갖 것을 참견하며 걷던
다섯 살 아이가 묻는다.

별안간,
눈 속의 이조 혜가가 되어
난감해졌다.

하아!
이 순백의 가슴에 벌써 번뇌가 들었구나
건성건성 지나온 길
정한 깨달음으로 터득한 도道는 없고
성한 몸만 남아
아이를 들어 올려 가슴에 앉았다

마음?...
강화 할아버지 보고 싶었어?
으응,
그게 마음이야
손자는 또 알아들을 수 없다는 눈치고

초저녁 이른 달은
입설 단비라도 하라고 채근이다.

병실

6인실이 떠나갈 듯 코를 골며 주무시던 어머니
잠에서 께 하는 말
집에 가자!
아들은 미소처럼 웃었다.
손등에 감긴 링거줄 소녀처럼 만지던 어머니
여기가 병원이냐
예, 하고 피고처럼 대답했다.
니가 어찌 알고 데려 왔냐
연락이 와서요.
신부처럼 말했다.
집에 가자 내 집 두고 내가 왜 여기 있냐 돈 아깝다
병실 문 열고 들어온 간호사
할머니 물은 얼마나 드셨어요?
조금요.
할머니 소변은 몇 컵이나 누셨어요?
....

눈치 없이 잠은 쏟아지는가
집에 가자
엄마가 이 소리 할 때마다
아들의 가슴에선 엄마 집이 자꾸자꾸 불어나
머지않아 찢어질 것이다

월세방 전전하던 아들 삼 형제

어머니 치매 걸리기 기다려
아버지 유일한 유산인 시골집 팔아다
전세방 산 죄에 매월 15만 원씩 모아
요양비 대고 있다는 사실도 모르는 어머니

눈먼 딸만도 못 하다는 요즘 아들들
그 긴 외로움에 치매 길로 드셨는가
큰아들 집 한 달
작은아들 집 보름
막내 일주일
몇 번의 쳇바퀴에 찬밥만 굴리다가
헌 옷처럼 치워졌는가

다시 꿈결에 든 어머니
고향집 마당에서 깨금발 뛰놀다가
꽃 같은 처녀 되어 온 동네 후리는가
신혼집 안방에서 아기를 어르는가

집에
가자아!

아픈 사랑

내 사랑은
바람기 많은 여자였네, 그가 어찌하여 나를
사랑하는지 알 수 없어 그냥 매달렸네, 바람결에
거미줄에 걸린 곤충처럼 파닥거렸네.
나를 떠난 그 사랑이 다른 사람한테 가더니 또다시
그 남자와 헤어졌다는 소식에 그녀가 불쌍해
속이 아팠네!

홍종기 시인

언제나 당신을 사랑하는 인학(湮學)

경남 진주 출생, 단국대학교 졸업, 시, 수필, 평론으로 등단
육군대학 이동관리학 교수 역임, ROTC 육군 소령으로 전역
해성고등학교 교사, 도서관장 역임

현재
대한민국 ROTC 중앙회 자문위원, 대한민국자원봉사단 고문
단국대학교 총동창회 상임이사, 한국문인협회 이사
국제PEN한국본부 이사, 남강문학회 회장(경남)
가톨릭문인회 부회장. 경남PEN 부회장
현실참여 문인·시민연대 고문. 영남문인회 상임고문
한국문학작가 상임고문. 시와늪 상임고문
자유문예문인회 고문. 을숙도 동인

저서
시집: 『어머니의 강』, 『앨범 속에 내리는 비』 외

표창
공로표창 부총리 겸 교육 인적 자원부 장관 이상주
러-한 문화교류 문학상(러시아 정부)
한국 자유 시인협회 본상 시와늪 문학상 수상
옥조근정훈장 수훈 35회

주소 : 진주시 하대동 343-60번지
전화 : 055-755-5146 손전화 010-3582-5146
메일 : hjk5154@hanmail.net

서울에서 진주까지

언제나 서울은 복잡하다
복잡하게 산 세월이
단순치 않아 단순하게 살고 싶다.

서울 가면 언제나 남부터미널이다.
언제나 맞아주는 사람 없어도
그냥 좋아서 밤을 세우기도 한다.

때로는 수양딸이 맞아 주기도 했고
어느 땐 후배 아가씨가 기다릴 때도
때론 찬바람이 기다리다가 흐르는 땀이

시골 장차 꼭대기 짐 위에 올라앉아
좌우로 흔들어 짐 떨어질까 봐
묶은 밧줄 잡고 짐처럼 살아온 나

오늘도 서울에 짐처럼 들어 왔다가
팔리지 않은 물건을 싣고
날을 넘긴 오늘 천 리길 진주로 간다.

가을에

숫처녀의 설레는 가슴에 남은 시간 제쳐놓고
공간을 떠나 과녁 향해 떠난 화살처럼
바람꽃 날개를 휘저으며 저 하늘 구름 속을 스친다.

바람의 행패로 떨어진 잎사귀
땅을 치며 통곡하는 위에
묵묵부답默默不答 으로 장승처럼 서 있는 나무는
훑어낸 몸뚱어리 아직도 저항의 물결이 넘실댄다.

철없던 봄꽃 다투어 벗어던진 옷가지 챙겨 입고
부끄러워 비비 꼬다 맥없이 그 높은 곳에서 몸 던져
땅바닥에 뒹굴다 흙으로 돌아 간 지 오래다.

눈물이 흥건히 젖어 혈관을 타고 올라, 이제는
노랗게 물들다가 피를 토하듯 붉은빛으로 젖어
잃어버린 시간을 목매어 불러본다.

어머니의 강

꽁꽁 얼어붙은 어머니의 강 위
동태가 된 바지가 빨래 방망이질에 뼈를 녹이고
얼음 아래 물속에서 흐느적거리다 간신히 물 밖으로
기어올라
주섬주섬 주워담은 함지 안에서 뻣뻣하게 걸어간다

거머리에 물려 종아리 타고 내리는 피같이
함지 붙든 어머니 손 선혈 흐른다

인리隣里들을 지나 향리鄕里 가운데
호박 샘을 돌아 산 중턱 대나무밭 속 내 집

어머니는 바쁘게 부엌 아궁이에 군불을 지핀다
오늘은 따뜻하게 잘 수 있으려나 보다
동생이 덜덜 떨며 두꺼운 솜이불을 뒤집어쓰고
눈만 껌벅거리고 있다

하늘 속 하얀 뭉게구름 덮고
여름날 쨍쨍 내리쬐는 그 따가운 햇볕을 아랫목에 깔고
겨울을 보낸 시간 속 밤을 얼마나 지새웠던가?
배고픔과 추위가 허탈虛脫하게 하는데

어머니는 늘 바람과 싸웠다
어머니의 강江에서

슬픈 노래

애절哀切타. 흘러만 가는 세월이
오호嗚呼, 봄과 여름이 가고 또 가니
아름다운 여인 같은 가을이 기다리고 있지만
덧없이 지나간 날들이 그저 슬프기만 하다.

태백산맥을 넘어 평정을 이루어 가는
자연의 섭리는 그 위력을 과시하지만
엎드려 버린 그 날들이 그립기만 하다.

한 치 두 치 세상을 걸어갈 제
때로는 풍랑이 일고 전복되기도 했지만
거의는 고요의 바다였고, 윤리의 중심이었다.

밤하늘의 샛별들이 가물가물하게
밤의 저쪽으로 달아나고 있다.
내 그리움의 상자 속으로 들어가듯

발그스름한 얼굴의 저 달빛은
눈을 지그시 감고 단풍을 연주하는데
홍안이 된 산마루터기 소나무 빙긋한 웃음이
취한 놈 달걀 팔 듯 얄밉기만 하다.
슬픈 노래여.

책, 무너지다

와그르르 책이 무너진다.
책 사이에 끼워둔 널빤지가
사정없이 생각을 내리친다.
지금까지 그렇게 잘 참아 왔는데

책 속에서 닿소리가 흘러내린다.
널빤지에 뚝뚝 떨어져 쌓인다.
내 골방은 따라 내린 홑소리가 같이
말라버린 마음을 흥건히 적신다.

천장 높은 줄 모르고 위로만 기어오르던
마음이 노怒하고 있다.
문장이 젖고, 언어가 쥐어짜듯
가난의 벽을 뚫고 나온다.

다행이다. 죽어있지 않았구나.
문학이 살아 있구나.
문풍지 떨 듯 파르르 떨며 울고 있었구나.